스탠퍼드 아동미술 클래스

TINKER-LAB ART STARTS

라셀 둘리 지음 · 김민정 옮김

스탠퍼드 아동미술 클래스
미국 영재들의 자기 주도 미술 프로젝트

동글디자인

엉망진창 난장판이 되더라도
아이들의 호기심, 용기, 창의력을 키우는 데
깊은 관심이 있는 모든 분에게
이 책을 바칩니다.

차례

들어가며   9
이 책의 활용법   20

1   크레파스, 종이, 스티커,
그리고 다른 건식 재료   55

2   물감, 물, 스펀지,
그리고 다른 습식 재료   83

3   종잇조각, 펠트, 접착제,
그리고 다양한 콜라주 재료   111

4   블록, 비즈, 이쑤시개,
그리고 다른 쌓기 재료   139

재료 추천   166
감사의 글   178

들어가며

상상해보세요. 저녁 식사 시간 한 시간 전, 당신은 책을 편 채 고요한 주방에 서 있습니다. 아이들은 자기들끼리 신나게 창의적인 활동을 하느라 정신이 없습니다. 아이들이 즐겁고, 바쁘고, 상상력이 넘치는 시간을 보내는 동안 당신은 흡족해하며 조용히 저녁 식사를 준비하다 읽던 책의 페이지를 한 장 더 넘깁니다. 환상 속에서나 존재할 법한 이야기처럼 들릴 수도 있습니다. 저도 처음 이런 시간을 보냈을 때 꿈을 꾸는 것 같았거든요. 백설공주가 환하게 웃으며 춤을 추고 새들이 그 주위를 날아다니며 노래하는 장면이 눈앞에 펼쳐지는 것만 같았어요.

아이들이 유치원생이었을 땐 이런 시간을 보낸 적이 거의 없었습니다. 저녁 식사를 준비하는 동안 아이들은 고래고래 고함치고, 끊임없이 엄마를 불러대고, 자기들끼리 옥신각신하며 다투었죠. 한마디로 '고요함'이란 상상조차 할 수 없는 단어였습니다. 그렇다면 이 마법은 과연 무엇이고, 어떻게 5세 이하 아이를 키우는 육아의 소용돌이 속에서 평온한 시간을 보내는 게 가능하게 되었을까요?

이 경이로운 오후의 전날 밤으로 돌아가봅시다. 저는 가족 간에 목적의식이 생길 만한 새로운 규칙을 만들고 싶었습니다. 게다가 아이들의 상상력을 자극할 수 있는 아이디어도 하나 있었습니다. 아이들이 모두 잠든 밤, 저는 아이들이 아침에 일어나 스스로 탐구해볼 수 있도록 간단한 미술 재료를 준비했습니다. 스티커와 수채물감, 종이, 물병을 2개의 커다란 미술 트레이에 담아 깨끗하게 정리된 책상 위에 올려두었죠. 준비하는 데는 오랜 시간이 걸리지 않았습니다. 저는 그저 다음 날 아침에 아이들이 일어나 몇 분 정도 창의적인 시간을 보낼 수 있으면 좋겠다고 생각했어요. 그리고 운이 좋다면 아이들

은 미술 책상에서 즐거운 한때를 보내고, 남편과 저는 그 모습을 바라보며 차 한 잔의 여유를 즐길 수 있길 바랐습니다.

    정말 감격스럽게도 이 모든 일이 실제로 일어났습니다. 저는 잠에서 깬 아이들을 책상으로 안내했습니다. 창작을 위한 아름다운 초대장을 본 아이들은 두 눈이 휘둥그레졌습니다. 저는 "엄마는 너희가 이 재료로 무엇을 만들지 궁금해"라고 말하며 아이들이 재료를 탐색해볼 수 있도록 권했습니다. 이렇게 저렇게 하라는 말은 한마디도 하지 않았죠. 아이들은 스티커를 종이에 붙였다 떼고, 색칠하고, 다시 스티커를 붙였다 떼고, 여러 색을 더하며 바쁘게 손을 움직였습니다.

    이 활동이 더 멋진 건 모두가 동시에 만족할 만한 매력적인 활동이었다는 것입니다. 그 비결은 아이들이 자신만의 독특한 의문과 능력으로 재료를 활용했기 때문이죠. 아이들에게 이 마법이 통하자 저는 따뜻한 차 한 잔과 대화로 하루를 시작하며 멋진 아침을 만끽할 수 있었습니다.

그날 오후 저는 그 방법을 하루 중 가장 힘든 시간, 저녁 식사를 준비하기 1~2시간 전인 바로 그 공포의 '마녀 시간'에 다시 시도해보았습니다. 아이들이 배고파하고, 피곤해하고, 다들 자기에게 관심을 가져달라고 성화인 바로 그 시간에 말이죠.

이번에는 플레이도우와 쿠키 트레이, 머핀 틀, 롤링 핀, 그리고 쿠키 커터를 준비했습니다. 그리고 이번에도 "너희가 이 재료로 무엇을 만들지 궁금해"라고 말했죠. 몇 분이 채 지나지 않아 아이들은 행복하게 반죽을 조물조물하고 쿠키를 만들고 케이크를 장식했습니다. 그동안 저는 주방에서 평화롭게 저녁 식사를 준비했고요.

음식이 익어가는 동안 아이들은 쿠키와 생일 케이크에 대한 만화 이야기를 한참 나누었고, 저는 아이들이 열심히 놀면서 창의적으로 문제를 해결하는 소리를 들으며 읽던 책을 계속해서 읽었습니다.

저는 새롭게 발견한 이 방법을 활용해 더 많은 재료로 실험을 시작했고, 이 마법은 다시, 또다시 매번 재탄생했습니다. 그렇다면 어떻게 이 간단한 방법이 이렇게까지 효과적일 수 있을까요? 우선 제가 아이들에게 미술 재료를 주고 별다른 설명 없이 가지고 놀고 탐색해보라고 권했을 때 아이들은 스스로 선택하고 창의적인 해결책을 찾아가는 데 완전히 몰입했습니다. 그리고 새로운 해답을 얻어내면서 기존 아이디어에 그림을 그려갔습니다. 아이들이 스스로 창작하는 경험을 부여받은 것이죠. 이런 황홀한 미술 활동 준비를 저는 '창작으로의 초대'라고 부릅니다. 이 전략은 간단합니다.

창작으로의 초대

창작으로의 초대란 아이들이 자유로운 방식으로 작업할 수 있도록 미술 재료나 도구를 간단히 준비해두는 것을 말합니다. 기대하는 결과물도 없고 다양한 생각과 해석은 언제든지 환영합니다.

일단 재료가 준비되면 아이들은 자신이 원하는 방식으로 재료를 가지고 놀거나 만들 수 있습니다. 어른이 개입해 동기 부여를 해주거나 재료를 사용하는 방법을 알려줄 순 있지만 미술 활동은 전적으로 아이들이 주도합니다.

언뜻 보면 창작으로의 초대는 사기처럼 보일 정도로 단순해 우연히 가능한 것이 아닌가 하는 착각을 불러일으킬 수 있습니다. 하지만 이 단순한 설정 뒤에는 분명한 목적이 숨어 있으며, 눈에 보이는 것 이상의 많은 일이 활동 중에 일어나곤 합니다.

창작으로의 초대는 아이들이 자기 자신만의 질문과 생각으로 미술 활동을 할 수 있도록 초대하는 것이기 때문에 비판적 사고, 문제 해결 및 심사숙고와 같은 더 높은 수준의 사고력을 활용할 수 있게 합니다. 이렇게 간단한 활동이 부모의 삶을 단순화시켜주면서도 아이들의 탐구적 사고와 문제 해결력을 고취시킬 수 있으니 신의 한 수라 할 수 있겠죠.

아이들이 창작으로의 초대를 경험하는 모습을 보게 된다면 아이들이 과거의 일을 곰곰이 생각하고, 큰 문제가 닥쳤을 때 창의적인 해결 방법을 고안하고, 시적인 작품 구도를 잡아가는 모습을 볼 수 있을 것입니다. 아이들의 마음 안에는 가능성과 잠재력이 가득합니다. 화려하고 과하고 복잡한 여러 단계의 프로젝트가 아닌 준비하기 편한 단순한 미술 활동이야말로 아이들의 상상력과 창의적 사고력을 키워주는 최고의 방법입니다. 또한 우리 아이들이 알 수 없는 미래를 잘 살아가는 데 필요한 기술을 익히는 방법이기도 하고요.

창의적인 사고의 장점

사회는 빠르게 변하고 있습니다. 넘쳐나는 정보 속에서 단 하나의 '정확한' 정답을 발견하는 것은 더 이상 중요하지 않습니다. 그보다는 장애물을 넘는 데 필요한 다양한 해결책을 기민하게 찾는 것이 더 중요해졌죠. 보이지 않는 도전 과제로 가득한 경기장을 탐험해야 하는 아이들은 유연성과 창의력, 의사소통 능력을 갖추어야만 더욱 잘 살아갈 수 있습니다.

우리에게는 아이들이 새로운 것을 편안하게 받아들이고, 문제 해결력, 자기 효능감, 비판적 사고를 통해 눈앞의 새로운 것을 적극적으로 해결하는 강력한 힘을 키워주어야 할 의무가 있습니다. 바로 이때 억제되지 않은 창의력이 힘을 발휘합니다. 아이들은 개방형 미술 활동을 하는 동안 스스로 품고 있는 질문의 해답을 찾아야 합니다. 이때 아이들은 호기심을 따라가고 비판적으로 사고할 수 있어요. 예를 들어 아이들은 다음과 같은 점들을 궁금해할 수 있습니다.

- **이 재료는 어떻게 사용할까?**
  "이 재료는 뭐예요?", "플레이도우처럼 물렁한데 더 쓰기 힘들고 지저분해요. 나뭇가지를 꽂으면 딱 달라붙을 것 같아요."
- **이 재료로 무엇을 할 수 있을까?**
  "제가 천천히 움직이면 이 분필은 어떻게 되는 거예요?", "제가 만약 세게 누르면요? 종이 위에 분필을 천천히 그었더니 울퉁불퉁한 선이 나타났어요. 그러다 세게 눌렀더니 부러져버렸어요."
- **어떻게 이 재료가 지속적인 호기심을 충족시킬 수 있을까?**
  "어떻게 이 상자들이 제 마음속에 있는 이야기를 만드는 데 도움이 될까요? 저는 바다를 가로지르는 터널을 만들 거예요!"
- **이야기와 추억**
  "저는 농장에 놀러갔던 일을 생각하고 있어요. 그에 대한 그림을 그릴 거예요. 스티커로 여러 동물을 만들고 마커로 헛간과 우리 가족을 그릴 거예요."

아이들이 유연하게 사고할 수 있도록 돕는 방법은 다양합니다. 그중에서도 창의미술 활동은 아이들이 호기심을 탐구하면서도 21세기에 필요한 자질인 비판적 사고, 창의력, 협동심, 리더십을 키우기에 적절한 방법입니다. 가능성은 무궁무진하며 아이들에게 질문하고 탐구할 수 있는 무한한 공간을 제공할 수 있습니다.

창작으로의 초대 활동은 장기적으로는 창의적인 사고를 발달시킬 수 있으며 동시에 즉각적으로 활동할 수 있다는 장점도 있습니다.

창작으로의 초대를 통해 가족 전체가 창작자 가족으로서 서로 끈끈하게 연결될 수 있습니다. 뿐만 아니라 이미 집에 있는 재료를 사용하기 때문에 돈을 많이 들이지 않아도 되며 복잡한 프로젝트를 준비하지 않아도 됩니다. 동시에 아이들이 창의적이고 독립적으로 사고할 수 있도록 도와줍니다. 어린아이들은 개방형(과정미술) 프로젝트에 자연스럽게 끌립니다. 아이들의 발달 단계에도 적합할 뿐만 아니라 재미있기 때문이죠! 여러분도 곧 경험하게 될 것입니다. 이 활동으로 아이들은 자유롭게 표현할 수 있는 놀이 시간을 만끽하고 무엇보다도 중요한 즐거움을 느낄 수 있습니다.

하지만 이런 활동을 위해서는 부담스러울 정도는 아니지만 어느 정도의 계획이 필요하기 때문에 저는 그에 대한 도움을 드리고자 합니다. 제가 소개하는 미술 활동은 멋진 미술 교육이나 경험이 필요하지 않습니다. 유일하게 필요한 것은 창의적인 사고가 아이들의 성장과 참된 삶에 중요하다는 믿음뿐입니다.

과정미술

개방형미술이라고도 불리는 과정미술은 미술 작품을 만드는 '과정'을 중시하고 자유로운 선택, 탐험, 발견, 덧붙이기, 표현, 탐구를 위한 여지를 남겨두는 것입니다. 이러한 프로젝트 이면에 숨은 의도는 최종 작품을 완성하는 것이 아니라 작품을 '만드는 경험'에 있습니다. 과정미술에서는 그 어떤 작품도 똑같지 않으며 '창작자'가 최종 작품을 향한 과정을 주도합니다. 과정미술에서는 아이들이 만드는 모든 것이 옳습니다.

과정미술은 주위 세계를 탐구하느라 바쁜 아이들의 타고난 호기심과 자연스럽게 연결되어 있습니다. 아이들은 크레파스, 점토, 종이, 물감을 가지고 노는 동안 본능적으로 미술 도구를 눌러보고, 늘려보고, 자르고, 짜고, 긁고,

찢고, 튕기고, 비틀고, 옮기면서 어떻게 이 도구를 사용해야 하는가를 탐구합니다. 새로운 도구를 소개하면 아이들의 몸과 마음은 탐구 모드로 활성화됩니다. 그리고 전문 연구원처럼 '내가 만약 더미 위에 블록을 하나 더 추가하면 어떻게 될까?', '분필 파스텔 위를 물감으로 색칠하면 어떻게 될까?'와 같은 질문에 대한 답을 찾고자 몰입합니다.

어른들은 시행착오를 겪으며 배운 지식이 있기에 아이들의 질문에 답해주는 것이 더 효율적이라고 생각할 수 있습니다. 하지만 아이들은 직접 답을 찾아보는 기회가 생겼을 때 자기 생각을 스스로 실험해보고, 실수해보고, 문제를 해결하는 과정을 거치며 궁극적으로 자신감을 쌓고 스스로에 대한 믿음을 확립해나갑니다.

'분필 파스텔 위를 물감으로 색칠하면 어떻게 될까?'라는 의문을 품은 한 어린 연구원이 어떤 방향으로 나아가게 될지 자세히 살펴봅시다. 우선 아이는 수채화 물감, 종이, 분필 파스텔이 놓인 책상에 앉아 가설을 세웁니다.

"만약 내가 파스텔로 그림을 진하게 그리면 물감으로 덮어도 파스텔 색이 그대로 남아 있을 거야."

그리고 계획을 세웁니다.

"먼저 그림을 그리고 파스텔 위를 색칠해봐야지."

그런 다음 계획을 실행하고, 곧 결과가 나옵니다.

"파스텔이 물감에 스며들어버렸네. 내 예상과 달라."

이렇게 되면 결과는 또 다른 질문으로 이어지고, 아이는 더 많은 정보를 수집하거나 또 다른 가설을 세워 실험해보게 될 것입니다.

우리가 아이들에게 연구자, 과학자, 예술가처럼 생각하도록 기회를 주면 아이들은 그 질문에 대한 답을 스스로 찾을 수 있는 능력이 있으리라 믿고 자신들에게 기대감을 품는다는 것을 알게 됩니다. 뿐만 아니라 이 과정은 아이들에게 부담이 없고 어떤 아이든 재미있게 실천할 수 있습니다.

이 책에 소개한 모든 초대는 결과물이 아닌 과정을 중요하게 생각합니다. 프로젝트는 출발점이자 영감을 불어넣는 도구이며, 이 책에는 다양한 방향으로 활동을 확장해볼 수 있는 팁이 담겨 있습니다. 일단 활동을 시작하면 여러분의 작업 공간에서 시작한 마법이 당신의 상상력에서도, 아이들의 생각에서도, 그리고 답을 갈구하는 질문 속에서도 펼쳐질 것입니다.

과정미술이라는 개념이 이론상으로는 그럴듯하게 들리지만 의구심을 품을 수 있습니다. 과정미술이라는 이론은 아직 많은 사람에게 낯선 개념이기 때문에 그런 걱정을 하는 것은 당연합니다! 여러 해 동안 저는 아이들의 창의력 성장을 돕고 싶어 하는 많은 부모들의 사연을 들었습니다. 다시 말해, 개방형 미술 활동을 꺼리는 이유를 수도 없이 들었다는 의미입니다.

- 미적으로 예쁜 최종 완성품을 포기하기 어렵다.
- 최종 완성품이 어떻게 될지 알지 못하면 체계적이지 못하다는 기분이 든다.
- 너무 느슨한 방식으로 보인다. 아이들에게는 좀 더 체계적인 것이 필요하다.
- 아이들이 아무것도 배우지 못하면 결국 시간 낭비가 될 것이다.

앞서 나열한 걱정 중에 마치 내 걱정처럼 친숙하게 느껴지는 것이 있다면 49쪽에 제시해둔 팁을 모두 읽어보고 몇 가지 창작으로의 초대 활동을 시도해보길 바랍니다. 일단 얼마나 쉬운지 느껴보고 아이들이 이 활동으로 얻는 장점을 두 눈으로 확인하고 나면 이 활동에 매료될 것이라 장담합니다.

제가 이 일을 하면서 가장 좋아하는 순간은 부모님과 선생님이 창작으로의 초대를 받아들인 뒤 아이들이 직접 미술 프로젝트를 준비하는 모습을 보았다거나 아이들이 가족을 위해 스스로 창작으로의 초대장을 준비하는 모습을

보았다는 사연을 들을 때입니다. 이것이 우리의 목표입니다! 저는 여러분도 이런 경험을 하길 바랍니다.

일단 한번 시도해보면 좋겠습니다. 처음에는 불편하게 느껴질 수도 있지만 일단 시간이 흐르면 모든 초대 활동이 점점 더 쉽고 즐거워질 것입니다.

이 책의 활용법

전작 《팅커랩: 꼬마 발명가를 위한 실천 가이드》TinkerLab: A Hands-On Guide for Little Inventors》를 쓰던 중에 이 책에 대한 영감이 떠올랐습니다. 저는 1년 동안 매주 비슷한 제목으로 쉽게 따라 할 수 있는 단순한 활동이 소개된 책이 있다면 유용한 동반자가 될 것이라는 생각이 들었습니다. 그 당시 만들고자 했던 책은 어른과 아이 모두가 상상력을 자극하고자 할 때 참고용으로 찾아볼 수 있는 그런 책이었습니다. 부모님은 집에 있는 재료를 가지고 할 수 있는 활동을 쉽게 찾을 수 있고, 선생님은 1년 동안 커리큘럼에 맞는 활동을 개발하는 데 활용할 수 있는 책을 만들고 싶었습니다. 무엇보다도 저는 이 책이 어린이, 부모, 선생님 모두에게 친구 같은 길잡이가 되기를 바랍니다.

처음부터 끝까지 정독해도 좋지만 이 책을 즐길 수 있는 몇 가지 색다른 방법을 소개합니다.

- 아이에게 직접 책을 넘기며 관심 있는 활동을 찾아보라고 해주세요. 아이에게 동기 부여가 되고, 호기심에 끌려 활동을 고르면 배움의 기회도 더욱 풍부해집니다.
- 집에 있는 재료를 확인한 뒤 할 수 있는 활동을 골라보세요. 이 책에 소개한 활동은 쉽게 구할 수 있는 기본적인 재료를 많이 활용한다는 것을 눈치챘을 것입니다.
- 책장을 넘기면서 여러분이 먼저 흥미가 생기는 활동을 찾아보세요. 저는 여러 해 동안 많은 부모와 선생님에게 과정미술을 교육하면서 어른이 재료에 열광할 때 아이들 또한 그 열정을 빠르게 받아들인다는 것을 알게 되었습니다. 열정은 서로에게 물들기 마련입니다!

- 아이의 관심사에 주의를 기울여 그에 맞는 활동을 찾아보세요. 아이가 무엇에 관심이 있는지 알면 아이의 호기심을 포착할 가능성이 더 커집니다. 예를 들어 아이가 엔지니어가 되고 싶어 한다면 곧바로 파트 4로 넘어가주세요. 만약 아이가 소방차를 보고 즐거워한다면 그리기나 색칠하기와 같은 다양한 활동에서 소방차를 어떻게 적용할지 고민해 보세요. 단순한 초대 활동이기 때문에 자신만의 스타일로 바꾸면서 활동을 추가할 수 있는 여지가 충분합니다.

- 계절에 맞는 초대 활동을 준비해주세요. 아이들은 떨어지는 나뭇잎, 소복소복 쌓이는 눈, 피어나는 꽃, 휴일 장식을 금방 알아챕니다. 색이나 재료를 날씨나 휴일에 연계하면 보다 의미 있는 활동이 될 것입니다. 32쪽에 소개한 '컬러 베리에이션 만들기'를 참고하면 많은 도움이

될 것입니다.
- 1년 동안 일주일에 하나씩 창작을 위한 초대 활동을 하면서 미술 활동 습관을 만들어보세요. 한 해가 끝난 뒤에는 다시 반복하면 됩니다! 제 아이들은 같은 활동을 정말 많이 반복했답니다. 이미 했던 활동을 잊어버려 반복하기도 했고, 또 알고 있는 지식을 더 쌓아가고 싶어 반복하기도 했습니다.

이 책에 소개한 프로젝트는 가정에서 일대일로 할 수 있도록 만들어졌지만 가정뿐 아니라 보육 시설, 학교에서도 재료만 충분히 준비된다면 더 많은 아이들을 대상으로 쉽게 활동을 확장할 수 있습니다.

단추나 병, 마커와 같은 재료는 아이들이 함께 나누어 쓸 수 있습니다. 성공적으로 그룹 프로젝트를 이끌고 싶다면 연필, 점토와 같이 아이가 혼자 쓰면서 탐구해야 하는 재료는 반드시 넉넉하게 준비해주세요.

아이들이 제 스튜디오에 방문할 때면 저는 이렇게 이야기합니다.

"상상력을 최대한 발휘해 자유롭게 만들어보세요."

아이들에게 마커를 주었는데 크레파스를 더 선호한다 해도 괜찮습니다. 아이들이 해저 박쥐나 말하는 꽃 그림을 그리고 싶어 한다면 그것도 좋습니다. 아이들이 개방형 초대 활동에 참여하는 것을 보며 가장 즐거운 때는 아이들의 생각을 몰래 엿볼 때입니다. 창작으로의 초대 활동은 대칭에서부터 패턴, 색상 혼합, 내러티브에 이르기까지 세상에 대한 내면의 호기심을 자유롭게 꺼내볼 수 있도록 돕습니다.

아이들이 어디에서 미술 활동을 하든 저는 이 책이 여러분과 아이들이 창작의 기쁨을 느끼고, 아이들의 생각의 흐름에 주목할 수 있는 기회가 되기를 바랍니다.

지금 당장 활동을 시작하고 싶다면 곧바로 파트 1로 넘어가 재미있어 보이는 활동을 선택해보세요. 여러분만의 방법을 찾을 수 있을 것입니다! 보다 전략적이고 준비가 된 상태에서 시작하고 싶다면 작업 공간 및 재료 준비하는 방법, 창작 과정에서 아이들과 대화하는 방법을 익힐 수 있도록 계속해서 책을 읽어주세요.

기초 토대를 만들기 위한 초대장

창작으로의 초대장을 준비하는 것은 매우 간단해 장황한 설명이 필요하지 않습니다. 지금부터 소개할 4가지 단계는 성공적인 미술 초대장을 준비할 때 도움이 되는 기초 토대입니다. 이 과정의 정신을 잘 보여주는 약어 EASE를 활용해 간단히 설명하고자 합니다.

1. '예스' 공간 준비하기 Establish

    창의적인 활동을 할 수 있고 아이들의 의견에 여러분이 편하게 '예스'라고 말할 수 있는 공간을 준비하세요.

2. 재료 정리하기 Arrange

    초대에 필요하지 않은 재료는 모두 정리해주세요. 미적으로 잘 정돈된 재료는 창의적인 생각을 할 수 있도록 도와줍니다. 재료를 선택할 때는 몇 가지로 한정하세요.

3. 제안하기 Suggest

    "네가 이 재료로 무엇을 만들지 궁금해", "이 재료를 가지고 놀면서 우리가 무엇을 만들 수 있는지 살펴보자"처럼 아이들이 활동에 참여할 수 있도록 부드럽게 동기 부여를 해주세요.

4. 독려하기 Encourage

아이들이 호기심을 가지고 직접 살펴보고, 놀고, 탐험할 수 있도록 따뜻한 말과 열정, 열린 마음으로 도와주세요.

이와 같은 단순한 기초 토대를 잘 이용한다면 여러분은 거대한 탐험의 세계로 가는 길에 무사히 안착할 것입니다. 일단 여러분의 창의력 배터리가 이 책에 담긴 준비하기 쉬운 활동으로 충전되고 나면 아이들의 창의력과 문제 해결력이 달라지는 것을 볼 수 있을 것입니다. 결과를 본다면 분명히 (아주 조금) 노력한 보람을 느낄 수 있을 것입니다!

EASE 기초 토대에 대해 좀 더 자세히 살펴봅시다.

'예스' 공간 준비하기

'예스' 공간은 편견이 없는 공간입니다. 아이들이 제약 없이 편한 마음으로 재료를 활용할 수 있는 공간이죠. 미술 활동에 앞서 아이의 창의적이거나 즉흥적인 생각에 마음 편히 '예스'라고 말할 수 있는 공간을 준비해야 합니다. 할머니가 물려주신 빈티지 탁자를 미술 책상으로 사용한다거나 깨끗한 카펫 위에 책상이 놓여 있으면 이곳들은 편한 '예스' 공간이 될 수 없습니다. 하지만 물걸레질할 수 있는 주방 한쪽에 미술 책상을 두거나 빈티지 탁자 위에 방수 테이블보를 깔아둔다면 '예스'라고 말할 수 있을 것입니다.

이것이 바로 우리가 추구하는 환경입니다!

제 친구 레베카는 5세, 7세 두 아들, 남편과 함께 작은 아파트에 살고 있습니다. 레베카 부부는 아이들이 창작 활동을 할 수 있는 공간이 필요하다고 생각했습니다. 하지만 레베카는 예술가이고 남편은 음악가여서 집에는 악기와 미술 재료가 넘쳐났습니다. 레베카는 제게 예술가 기질이 다분한 아이들이 미술 캠프를 차릴 공간이 없다며 하소연했습니다. 레베카는 집이 비좁더라도

아이들이 즉흥적으로 창작 활동을 하고, 넘치지 않을 만큼의 미술 작품을 나열할 수 있는 공간을 마련하고 싶었습니다.

레베카는 결국 거실 밖으로 연결된, 지붕이 있는 작은 안뜰을 아이들의 창작 공간으로 바꾸어 고민을 해결했습니다. 이곳이 바로 레베카 가족의 '예스' 공간인 셈이죠.

여러분의 창의적 공간은 어디가 될 수 있을까요? 다이닝룸이나 거실 한쪽 구석이 될 수도 있고, 주방 한쪽에 놓인 어린이용 책상이 될 수도 있습니다. 창의적 공간이 반드시 완벽한 놀이방에 준비되어야 한다는 생각은 버리세요. 아이들은 장소가 어디든 만들기만 할 수 있다면 좋아합니다. 유일한 규칙은 그곳이 '예스' 공간이 되어야 한다는 것뿐입니다.

공간에 맞게 다음과 같은 사항을 시도하거나 자신만의 '예스' 공간을 직접 만들어보세요.

- 집 전체가 끝도 없이 커서 아이가 원하는 곳 어디서든 만들기를 할 수 있다.
- 식사하지 않을 때, 식탁에 식탁보를 덮어두었을 때는 다이닝룸이 '예스' 공간이 된다.
- 주방은 물걸레질도 할 수 있고 개수대도 근처에 있으므로 훌륭한 '예스' 공간이다.
- 교실 안에서는 만들기 탁자가 '예스' 공간이다. 아이들은 만들기 탁자로 지정된 곳에서 자유롭게 창작 활동을 할 수 있다.

미술과 만들기 합의서

활동을 시작하기에 앞서 미술과 만들기 합의서를 작성하고 싶을 수 있습니다. 상황을 미리 예측해두면 여러분에게 필요한 것이 무엇인지 예상하고 미술 공간을 '예스' 공간으로 일러두어 미술 활동 중간에 여러분이 반대자로 끼어들지 않아도 됩니다. 제가 제시하는 아이디어를 모두 사용할 필요는 없습니다. 이 중에서 맞는 것을 선택하면 됩니다.

- 도구는 조심히 사용해요. 먼저 시범을 보여주면 아이들이 쉽게 이해할 수 있습니다. 예를 들어 마커 뚜껑을 다시 닫는 방법이나 파스텔을 부러뜨리지 않고 조심히 사용하는 방법을 알려주세요.
- 프로젝트가 끝나면 재료를 정리해요.
- 미술 재료는 미술 공간에만 보관해요.
- 미술 활동을 하기 전에 책상에 커버를 씌워요.

이것만 기억하세요. 만약 여러분이 어떠한 공간에서 아이들이 창작 활동을 하는 것을 편안하게 느낀다면 아이들은 훨씬 더 자유롭게 자기 생각을 펼칠 것입니다.

창의력은 매우 작고 소박한 방에서도 자랄 수 있습니다. 공간에 한계가 있다 하더라도 너무 염려하지 마세요. 많은 부모가 제한된 공간에서도 유용한 공간을 만들어냈습니다. 제 아이들이 유치원생일 때 저와 남편은 저녁 식사보다 아이들의 창의성을 더 중요하게 여겼습니다. 그래서 다이닝룸을 아이들이 자유롭게 놀고, 만들고, 경험할 수 있는 만들기 공간으로 사용했습니다.

다이닝룸에 작은 탁자와 기본 재료가 담긴 바퀴 달린 카트, 손쉽게 비울 수 있는 쓰레기통을 두고 근처 선반에 아이디어가 떠오르면 언제든 꺼내 쓸 수 있도록 종이를 비치해놓았습니다. 창의적 장소를 만들기 위해서는 기본 재료, 창작할 수 있도록 비워진 공간, 열린 마음, 그리고 호기심이 필요합니다.

놀이 복장

'예스' 공간을 마련하는 것과 비슷하게 아이들이 미술 활동을 하는 동안 놀이옷을 입도록 할 수 있습니다. 옷에 물감이나 마커가 묻지 않도록 조심하라는 잔소리를 들으면 아이들이 자유롭게 창작하는 것이 힘들어질 수 있으니까요. 만약 아이가 놀이옷을 입고 있다면 그런 걱정을 할 필요가 없을 것입니다. 놀이옷을 입히는 것이 여러분 스타일이 아니라면 '예스' 공간에 놀이용 앞치마를 마련해두는 것도 좋습니다. 놀이옷을 할 만한 것이 딱히 없다면 단추 달린 성인용 셔츠를 반대로 입히고 등 쪽에서 단추를 채워주세요. 간편하게 앞치마로 변하고 커버력도 뛰어납니다.

아이가 놀이옷이든 일반 옷이든 긴 소매 옷을 입고 있다면 저는 항상 소매를 걷어 올려 물감이나 풀 같이 물기 있는 재료에 옷이 젖지 않도록 합니다.

재료 정리하기

여러분만의 '예스' 공간을 마련했다면 이제 재료에 대해 생각해봅시다. 지금부터는 재료를 좀 더 자세히 살펴볼 것입니다. 52개 초대장에 소개한 재료들을 미술 공간에 정리하는 방법, 재료 간 서로 다른 효과를 혼합하는 방법을 소개합니다.

　　이 책에서 소개하는 대부분의 활동은 단순한 재료를 사용하며 이미 집에 준비되어 있는 경우가 많을 것입니다. 기본 재료를 간략히 설명하고, 평범함에 멋짐을 불어넣을 수 있는 몇 가지 추가 재료를 소개하도록 하겠습니다.

기본 재료

이제 막 미술 활동을 시작해보려 한다면 추가 재료를 준비하지 않아도 다음 표에 정리한 12개 재료만으로 대부분의 활동이 가능합니다.

건식 재료

그리기는 이미지를 만들기 가장 쉬운 방법입니다. 크레파스나 펜 외에도 다양한 그리기 도구가 있어요. 오일 파스텔, 분필 파스텔, 마커, 목탄과 같은 다양한 재료를 살펴보면 모양 만들기에 어떠한 것을 사용할 수 있을지 생각을 확장하는 데 도움이 될 것입니다. 이 책에서 우리는 동그라미를 중점적으로 사용하는 활동을 많이 보게 될 것입니다. 동그라미가 기본이 되는 이유는 아이들이 가장 먼저 그리는 그림이기 때문입니다.

습식 재료

이 책에서 습식 재료는 꾸덕꾸덕한 물감, 접착제, 수채물감을 말합니다. 이 재료들을 사용하는 활동은 주변이 지저분해질 수 있으니 작업 공간 책상에 커버

기본 재료

이제 막 미술 활동을 시작해보려 한다면 다음과 같은 기본 재료를 먼저 준비해주세요. 이 재료들만 있으면 이 책에 소개한 대부분의 활동을 할 준비가 된 것입니다.

크레파스

왁스 크레파스, 페인트 스틱, 젤 크레파스 등 어떤 것이든 좋습니다. 이 책에 소개한 활동을 할 때는 어떤 종류든 상호 호환하여 사용 가능합니다.

접착제

'PVA 접착제'라고 부르는 흰색 접착제와 고체풀만 있으면 충분합니다. 저는 세탁할 수 있는 접착제를 선호합니다. 아이의 손이 작다면 접착제를 병에 담고 쉽게 풀칠할 수 있는 견고하고 튼튼한 붓을 준비하세요. 판지 같은 재활용 재료를 사용할 때는 저온 글루건을 추천합니다.

마커

저는 워셔블 마커를 선호하며 두꺼운 마커와 가는 마커 두 가지를 준비합니다. 마커가 빨리 마르지 않게 하려면 수평으로 보관하거나 뚜껑을 아래로 해서 보관해주세요.

그림붓

접착제, 템페라 포스터 페인트를 사용할 수 있는 짧고 뻣뻣한 털로 된 붓, 수채물감을 사용할 때 쓰는 부드러운 수채화용 그림붓을 준비합니다. 저는 아이들이 붓으로 이것저것 실험해볼 수 있도록 다양한 종류의 붓을 마련해두었습니다. 실로 투자할 만한 가치가 있습니다.

종이

도화지, 수채화지, 복사 용지, 건축 용지, 메모지 등 다양한 종류의 종이를 모아주세요. 오버 사이즈 종이는 소근육 활동에 능숙하지 않아 자연스럽게 팔을 크게 휘두르며 움직이는 아이들에게 특히 매력적인 재료입니다. '습식 재료'를 사용할 때는 두꺼운 종이를 사용하세요. 얇은 종이도 사용 가능하지만 젖으면 우그러질 수도 있습니다. 두꺼운 종이는 주로 수채화지나 명함 종이를 말합니다. 포장지나 엽서, 잡지에서 오린 종이는 상자에 따로 모아두었다가 콜라주에 사용해보세요.

를 씌우는 것이 좋습니다. 습식 프로젝트는 야외 공간에서 시행하는 것이 가장 좋지만 카펫이 깔려 있지 않은 거실이나 개수대 근처도 좋습니다.

콜라주 재료

콜라주는 종이나 다른 표면 위에 테이프나 풀과 같은 접착제로 다양한 재료를 붙여 만듭니다. 신문지, 다 본 잡지, 필요 없는 우편물을 상자 하나에 담아 시작해보세요. 이 정도면 콜라주 작업을 위한 재료는 충분합니다. 종이 말고도 실이나 천 같은 섬유 소재의 재료, 비즈나 깃털 같은 작은 소품을 사용할 수도 있습니다. 매끈한 표면에 접착제로 붙일 수 있는 것이라면 무엇이든 가능하니 주위를 잘 살펴보세요.

쌓기 재료

저는 만들기를 좋아하지만 이차원적 미술 활동으로는 제대로 흥을 분출하지 못하는 아이들을 많이 만나보았습니다. 하지만 이 아이들이 삼차원 형태를 마

플레이도우
홈메이드 플레이도우는 만들기 쉽고 경제적이며 어떤 재료가 들어가는지 정확하게 알 수 있어 가장 좋은 선택지입니다. 플레이도우 만드는 방법은 170쪽에 소개되어 있습니다.

재활용품
콜라주와 쌓기 활동에는 재활용품을 사용할 예정입니다. 판지, 휴지 심지, 달걀판, 안 쓰는 우편물, 잡지 같은 재료를 모아두세요.

가위
뭉툭한 가위 혹은 어린이용 가위가 가장 안전합니다. 아이가 왼손잡이라면 왼손잡이용 가위를 준비해주세요.

테이프
마스킹 테이프는 책상에 종이를 붙일 때, 색칠하기 전에 붙인 뒤 색칠 후 떼내어 윤곽선을 그릴 때, 모양을 만들 때 유용합니다. 장식 테이프(일명 '와시 테이프')는 다양한 패턴으로 나와 콜라주 작업을 할 때 흥미로운 재료가 됩니다.

템페라 포스터 페인트
템페라 물감은 떠먹는 요구르트와 농도가 비슷하고 보통 병에 담겨 있습니다. 넓은 표면을 칠할 때 유용하며, 물로 세탁 가능한 종류를 구매하면 옷에 얼룩도 지지 않습니다. 각 병에 붓을 꽂은 뒤 이젤 옆에 두고 사용하세요.

소품
콜라주나 쌓기 프로젝트에 사용할 수 있는 폼폼, 깃털, 나뭇잎, 크래프트 스틱, 솔방울 등 작고 재미있는 재료라면 무엇이든 가능합니다.

수채물감
저는 두 가지 종류의 수채물감을 추천합니다. 팔레트에 타원형 형태로 담겨 있는 고체물감과 찾기 어려울 수도 있지만 수고로움을 감수할 가치가 있는 액상 수채화 물감 세트가 바로 그것이죠. 액상 수채화 물감은 식용 색소와 같습니다(식용 색소도 좋은 대체품입니다). 색칠 프로젝트에 사용할 수 있고, 홈메이드 플레이도우에 첨가해 색을 낼 때도 사용할 수 있어요.

주하면 새로운 가능성의 세계가 열리게 됩니다. 모든 아이는 3D 작품을 만들 기회를 얻어야 합니다. 어떤 아이들은 이 활동을 정말, 정말, 아주 많이 사랑합니다. 우리는 물렁물렁한 점토와 플레이도우, 재활용 재료, 테이프, 접착제, 나무, 그리고 끈을 탐구해볼 것입니다.

컬러 베리에이션 만들기

창작으로의 초대장에 변화를 주고 싶을 때는 계절이나 색을 바탕으로 변주곡을 연주합니다. 종이, 펜, 또는 물감을 이용해 절기에 맞는 색의 조합을 사용하면 아이들에게 의미 있는 연계 활동이 될 것입니다.

- 빨강+주황+노랑+초록=가을
- 파랑+하양=겨울, 눈
- 빨강+초록+하양=크리스마스(빨강+초록=갈색이 되므로 두 색을 섞어 쓰지 않도록 주의)
- 빨강+하양=밸런타인데이

- 초록 색조=봄, 성 패트릭의 날, 지구의 날
- 파스텔 톤 분홍+노랑+초록+라벤더=봄, 부활절
- 빨강+하양+파랑=독립기념일, 현충일
- 검정+빨강+초록=크완자 축제
- 주황+검정=핼러윈

색의 다양성과 조화를 표현하는 또 다른 방법은 다음과 같이 따뜻한 색, 시원한 색, 무채색, 또는 한 가지 색조의 색끼리 모으는 것입니다.

- 빨강과 핑크(한 가지 색의 색조 조합)
- 노랑과 초록(유사한 색)
- 흰색+베이지+황갈색(무채색)

준비물 정리

'예스' 공간을 마련하고 재료를 모두 준비했다면 이제 모든 것을 정리할 시간입니다. 부디 분별력을 잃지 말고 모든 것을 단순히 정리해야 합니다. 여러분! 저는 흐트러진 미술 공간에 불만을 토로하는 부모를 수도 없이 만나보았습니다. 저는 여러분이 준비물 정리에 너무 많은 힘을 빼지 않길 바랍니다. 미술 공간이 완벽하지 않아도 아이들은 전혀 신경 쓰지 않을 것입니다!

이 말은 예산에 따라, 목적에 따라, 공간 자체에 따라 다양한 방법을 사용할 수 있다는 뜻입니다. 모두가 정리에 대한 각기 다른 생각이 있고, 한 가지 방법만이 모두에게 효과가 있는 것도 아니니까요. 그리하여 지난 몇 년 동안 제가 학교, 워크숍, 집에서 경험을 통해 터득한 방법과 다른 부모들과 교육자들에게서 배운 방법을 공유하고자 합니다.

- 개방된 서랍은 아이들이 크게 힘들이지 않고 원하는 재료를 한눈에 볼 수 있도록 합니다.

'눈에서 멀어지면 마음에서도 멀어진다'라는 말이 있듯 아이들이 미술 재료를 사용하게 만들려면 재료를 최대한 눈에 띄는 곳에 보관해야 합니다. 아이들이 미술 재료를 자유롭게 가져갈 때 걱정이 될 만한 물건은 절대 같이 두어서는 안 됩니다. 예를 들어 유아가 있는 집은 네임펜이나 병에 든 물감이 걱정이 될 수도 있습니다. 당연한 우려입니다. 그럴 때는 잠시 치워두었다가 필요할 때 또는 여러분이 보고 있을 때 꺼내두면 됩니다. 다음과 같은 방법들이 저에게는 항상 도움이 되었습니다.

- 바퀴 달린 카트는 다양한 공간으로 미술 재료를 옮길 때 유용하고, 선반이 없을 때 즉석 미술 공간을 만드는 데도 도움이 됩니다.
- 플라스틱 신발 상자나 유리 용기 같은 투명한 곳에 재료를 보관하세요. 여러분과 아이들이 원하는 재료를 찾고 정리하기가 더 쉬워집니다. 저장 용기에 라벨을 붙이거나 상자 안 재료를 사진으로 찍어 상자 겉면에 붙여두는 것도 좋은 방법입니다.
- 트레이와 바구니는 종이나 자투리 종이, 크기가 큰 재료를 보관하기에 적합합니다.
- 작은 그릇은 구체적인 활동을 정한 뒤 필요한 재료를 보관하기에 적합합니다.
- 그림붓은 병에 거꾸로 세워 보관하는 것이 좋습니다.
- 펠트 마커는 펜촉 부분이 아래로 향하게 꽂아두어 잉크가 펜촉 끝에 맺히도록 해야 잘 마르지 않습니다.
- 베이킹 트레이는 액체 재료를 사용하는 활동으로 아이를 초대할 때 유

용하게 쓸 수 있습니다. 액체가 트레이 외에 다른 곳으로 떨어지지 않게 하는 데 탁월한 역할을 합니다.
- 휴지와 쓰레기통을 만들기 구역에 두면 빨리 정리하기 좋습니다. 장담하건대 이 도구는 여러분의 마음에 평화를 안겨줄 것입니다.

창의적인 공간을 준비하는 데는 많은 것이 필요하지 않습니다. 기본적인 재료를 갖춘 선반 하나, 책장 한 칸 또는 바퀴 달린 트롤리 하나만 준비한다면 아이들이 창작 활동을 할 수 있도록 초대할 준비가 다 된 것입니다. 작게 시작해보세요. 아이들은 성장하면서 같은 활동을 반복합니다. 생각보다 혼란스럽게 느껴진다면 자신에게 여유를 주세요. 그렇게 시간이 지나다보면 결국 제사

이 책의 활용법

리를 찾게 될 것입니다.

초대장 준비하기

이제 창작으로의 초대장을 준비할 시간입니다. 우선 이 책에 있는 초대장은 여러분이 활동을 시작할 수 있도록 돕는 영감이라고 생각하세요. 사진이나 재료 목록에 적힌 것과 똑같은 재료가 없다면 대체품으로 유연하게 바꿔도 괜찮습니다. 저는 늘 그렇게 하거든요. 이런 유연성과 지혜가 더 좋은 아이디어로 이어지는 경우가 많았습니다. 만약 이 책에 있는 활동을 하다 멋지게 변형한 활동이 있다면 꼭 저에게도 알려주세요!

우리는 예술 작품을 만드는 사람들이므로 당연히 미적 요소도 중요하게 생각해야 합니다. 사람들은 보기 좋은 것에 끌리기 마련이니까요. 만약 여러분이 준비한 초대가 멋져 보인다면 아이들은 제공된 재료로 탐험하고 싶은 마음이 더 크게 들 것입니다. 너무 과하게 준비할 필요는 없습니다. 주위에 시선을 분산시킬 만한 물건은 정리하고 아이들이 함께할 수 있는 즐거운 초대를 만들어보세요.

초대를 준비하는 방법은 간단하지만 그래도 다음과 같은 의도로 세심하게 준비하면 더 큰 도움이 될 것입니다. 몇 가지 팁을 소개합니다.

작업 공간 우선 책상 위를 치워주세요. 깨끗한 책상은 언제나 무언가를 시작하고픈 영감을 불어넣습니다.

트레이 트레이는 초대장을 전하는 도구로 유용하지만 그보다 앞서 초대를 준비하는 데도 도움이 되는 도구입니다. 계획을 먼저 세워두고 싶다면 전날 밤에 초대에 필요한 재료를 전부 트레이 안에 담아주세요. 그리고 다음 날 편하게 트레이만 꺼내면 순식간에 준비가 끝납니다! 플레이도우나 액체 물감 같은 재료도 트레이 안에서만 작업할 수 있도록 하면 주위가 지저분해지는 것을 막을 수 있어 편리합니다. 가장자리가 높은 트레이를 사용하면 아이들이 만들기를 할 때 팔을 자유롭게 움직이지 못합니다. 그럴 때는 책상에서 트레이를 치워주세요.

테이프로 종이 고정시키기 색칠하는 동안 종이가 움직이지 않도록 종이 모서리에 테이프를 붙여 책상에 고정해주세요. 그러면 우리의 꼬마 창작자가 편하게 활동할 수 있습니다. 단, 큰 아이들은 활동하는 중에 종이를 자유롭게 움직이고 싶어 하는 경우가 많습니다.

그릇과 바구니 깊이가 얕은 그릇과 바구니에 미술 재료를 담아 아이에게 보여주세요. 이때 무채색 용기를 사용하면 재료가 눈에 더욱 잘 들어옵니다.

마크-메이킹 도구 마크-메이킹 도구를 몇 가지 골라두세요. 너무 많을 필요는 없습니다. 그리고 도구를 책상에 올려놓거나 통에 담아두세요. 아이들이 무엇을 해야 할지 모를 때 도움이 됩니다. 활동을 시작한 뒤 아이들이 재료를 더 요구할 때는 무엇이든지 제공해주세요.

종이 다양한 활동을 위해 여러 종류의 종이를 준비해주세요. 공작 용지는 어느 정도 질감이 있는 편이라 분필 파스텔이나 오일 파스텔을 이용한 활동에 좋습니다. 복사 용지는 마커, 크레파스, 연필 등 모든 그리기에 적합합니다. 이 책에 소개한 습식 재료를 사용하는 활동을 위해서는 수채화지나 명함 종이 같은 두꺼운 종이를 사용하는 것이 좋습니다. 얇은 종이를 사용하면 젖었을 때 우그러질 수도 있습니다.

색칠 성공적인 색칠 활동을 위한 몇 가지 팁을 소개합니다.

- '쌓을 수 있게 바닥이 넓고 주둥이가 뾰족하지 않은 물 냄비'를 준비하세요. 어린아이들에게 적합한 도구입니다.
- 이 책에는 다양한 유리 용기가 등장합니다. 유리이긴 하지만 제가 그동안 사용하면서 문제를 겪은 적은 없습니다. 물을 반쯤 채운 500ml 유리 용기는 그림붓을 씻는 데 유용합니다. 아이들은 붓을 씻을 때 물 색깔이 변하는 것을 좋아합니다.
- 두꺼운 붓, 중간 붓, 가는 붓 등 다양한 두께의 붓을 준비해 물감과 함께 탐험하고 실험하면서 섬세한 작업을 할 수 있도록 합니다.
- 색을 바꿔 쓸 때 붓을 씻고 닦을 수 있도록 그리기 공간에 천을 준비해둡니다.
- 붓을 씻을 때는 붓을 물에 담가 위아래로 여러 번 흔든 뒤 천으로 닦아 말립니다.
- 물감용 붓을 물에 오래 담가두면 모가 손상될 수 있습니다.

창작으로의 초대장을 준비하는 시간

창작으로의 초대에 적합하지 않은 시간대는 없지만 제 경험상, 먼저 시도해본 다른 부모들의 경험상, 특히 잘 초대되는 시간대가 있습니다. 1세와 3세 아이가 있다면 1세 아이가 낮잠을 잘 때 3세 아이와 시간을 가져보세요. 아이와 양질의 시간을 보낼 수 있을 것입니다. 제 딸들이 5세와 7세가 되었을 땐 밤에 재료를 미리 준비해두고 아침에 아이들이 직접 탐험해볼 수 있도록 했습니다. 요령을 터득한 아이들은 자신만의 버전으로 직접 초대장을 만들어 활동을 준비한다고 많은 부모가 말합니다. 다음 시간대 중 하나, 또는 모든 시간에 시도해보고 여러분께 잘 맞는 시간을 찾아보세요.

이른 아침 아이가 잠자리에 들면 초대장을 준비한 뒤 아침에 아이가 일어나자마자 활동할 수 있게 해주세요.

오후 아이가 창작으로의 초대에 맞춰 깨어날 수 있도록 낮잠 자는 동안 초대장을 만들어주세요.

동생의 낮잠 시간 동안 영유아와 5세 형제처럼 나이 터울이 있는 형제자매를 키우고 있다면 동생이 낮잠 자는 시간 동안 큰아이가 활동할 수 있도록 초대장을 준비합니다. 이는 큰아이가 아무 방해 없이 자기 수준에 맞는 활동을 하며 일대일로 충분히 탐험할 수 있는 좋은 시간입니다.

늦은 오후 옆에서 많이 지켜보지 않아도 되는, 단순하면서도 너무 지저분해지지 않는 활동을 준비해주세요. 그러면 아이가 활동하는 동안 여러분은 저녁 식사를 준비하며 잠시 숨을 돌릴 수 있습니다. 또는 아이들이 원하는 것을 만들 수 있도록 미술 활동을 도와줄 수도 있습니다.

학교에서 선생님이라면 학생들이 매일 미술 학습 공간에서 탐험할 수 있는 활동을 준비해주세요. '점토'와 같이 그 주의 메인 재료를 정하고 아이들이 여러 가지 도구로 점토를 탐구해볼 수 있도록 해주세요. 빨리 끝낸 아이들이 조용히 활동할 수 있는 초대장을 준비해두는 것도 좋은 방법입니다.

초대를 준비하기에 나쁜 시간대는 없습니다. 기분이 내키거나 몇 분 정도 여유 시간이 생기면 활동을 하나 준비한 뒤 어떻게 되는지 지켜보세요.

미술 활동 정리하는 방법

미술 활동의 가장 큰 걸림돌은 지저분해진다는 것입니다. 바닥은 엉망이 되고, 사방으로 물감이 튀어 있고, 완성품은 잔뜩 쌓여 난장판처럼 보일 수 있습니다. 이는 매우 큰 문제이죠. 우리는 지저분해지는 것과 이 지저분함을 '다루는' 방식에 대해 생각해볼 필요가 있습니다.

지저분함에 대해 어떻게 생각하면 좋을까요? 요리에 빗대어 생각해봅시다. 우리는 배가 고프면 냉장고에서 재료를 모두 꺼내 잘게 썰고, 익히고, 한데 모아 식탁에 차려 먹습니다. 이 과정에서 칼, 도마, 냄비, 접시가 모두 더러워지죠. 정리하는 것이 간단하지는 않지만 모든 사람이 밥을 먹으려면 반드시 해야 하는 일이라고 생각합니다. 마찬가지로 우리의 창의적인 마음에 연료를 주입하고 싶다면 미술 재료 준비와 정리가 그 과정의 일부라는 것을 받아들여야 합니다. 물론 정리는 재미없지만 아이들의 창의력이 쑥쑥 자라난다는 것을 기억한다면 받아들이기 쉬울 것입니다.

아이들을 정리에 참여시키는 것도 성공의 열쇠입니다. 이는 여러분에게도 도움이 될 뿐만 아니라 아이의 책임감을 길러주고 작업 후 정리하는 방법을 알려주는 데에도 큰 도움이 됩니다. 이런 지저분함 문제를 다루기 위한 몇 가지 팁을 소개합니다.

규칙을 정하세요. 아이들은 자신이 뭘 모르는지 모릅니다! 그러나 청소를 시작하기 전에 모든 규칙을 정해두면 아이들은 스스로 뭘 해야 할지 분명하게 이해할 수 있습니다. 26쪽에 소개한 '미술과 만들기 합의서'를 참고하세요.

책상에 커버를 씌우세요. 망가지면 안 되는 책상을 사용할 때는 커버를 씌워주세요. 샤워 커튼, 신문지, 크라프트지, 집에서 페인트를 칠할 때 사용하는 먼지막이 캔버스 천 등 무엇이든지 좋습니다.

물청소가 가능한 바닥에서 작업하세요. 카펫과 미술은 절대로 친한 친구가 될 수 없습니다. 미술 공간에 카펫이 깔려 있다면 방수포를 깔아 플레이도우 가루가 떨어질 때마다 기겁하지 않도록 미연에 방지하세요. 주방이나 나무 바닥은 가족이 함께 미술 활동을 할 수 있는 최적의 장소입니다.

워셔블 재료를 구입하세요. 미술 재료, 특히 물감을 구입할 때 라벨에 '워셔블'이라고 적혀 있는지 확인하세요.

정리 도구를 준비하세요. 만들기 공간에 쓰레기통과 부스러기를 쓸어 담을 수 있는 빗자루와 쓰레받기를 마련해두세요.

투명한 용기에 재료를 보관하세요. 아이들이 창작 활동이 끝난 뒤 어디에 도구와 재료를 보관해야 하는지 확인하는 데 도움이 됩니다.

수건과 물을 옆에 챙겨두세요. 물감, 접착제 같은 습식 재료로 작업을 할 때 젖은 행주, 종이 타월, 물티슈와 같은 재료를 마련해두면 쉽고 빠르게 정리할 수 있습니다.

지저분한 두 손은 마주 잡게 해주세요. 아이의 손이 지저분해져 씻어야 할 땐 아이가 두 손을 맞잡고 개수대까지 가도록 해주세요. 씻으러 가는 동안 아이의 손이 벽에 닿는 것을 막아줍니다.

백지장도 맞들면 낫습니다. 아이들과 함께 정리하세요. 아이들은 젖은 스펀지로 책상 닦기, 쓰레기통에 부스러기 담기, 유리 용기를 다시 선반에 가져다 놓기 등의 활동을 매우 좋아합니다. 어린아이일수록 함께 정리하는 것을 더 좋아한답니다. 아이가 어릴 때부터 함께 정리하는 습관을 들이는 것이 아이가 커서도 함께 정리할 수 있는 비결입니다.

제안하기

자, 창작으로의 초대장이 준비되었습니다. 이제 아이들이 창작 활동을 하는 동안 여러분의 역할이 궁금할 것입니다. 우리는 어떻게 아이들이 활동을 시작할 수 있도록 동기를 부여하고, 적극적으로 참여를 유도해야 할까요? 창작과 탐구를 독려하는 과정에서 무슨 말을 어떤 식으로 해야 할까요?

우선 동기 부여입니다. 만들기에 대한 열정을 심어주기 위해 우리가 해야 할 일은 아이에게 따뜻한 단어를 사용해 실험하고, 반복하고, 탐구해보라고 권유하는 것입니다. "우리가 이 재료로 무엇을 만들 수 있을지 궁금한데?"와 같은 말로 아이를 활동에 초대해보세요. 이 말은 분명 아이의 마음을 움직이게 할 것입니다. 저는 다음과 같은 세 가지 표현을 사용해 아이의 아이디어에 불씨를 지피는 것을 선호합니다.

- "네가 이 재료들로 무엇을 만들 수 있을지 궁금한데?"
- "우리가 마커와 종이로 무엇을 만들 수 있는지 한번 볼까?"
- "이 재료를 가지고 서로를 위한 작품을 만들어볼까?"

한번 시도해보세요. 여러분에게도 효과가 있을 것입니다.

일단 아이들이 활동에 참여하고 나면 어떻게 아이를 도와야 하는지, 어느 정도 도와주는 것이 바람직한지에 관한 질문을 많이 합니다. 만약 아이가 어려운 작업이 있어 도움을 요청한다면 아이가 해결 방법을 떠올릴 수 있도록 돕는 것이 건설적인 전략입니다. 이를 위해 지금 무엇을 만들려고 하는지 아이와 이야기를 나눠보고 목표를 여러 단계로 세분화하는 것을 도와줄 수 있는지 생각해보세요. 이를 통해 여러 가지 해결 방법을 실험해보도록 권하거나 여러분의 종이에 아이를 위한 아이디어를 직접 실험해볼 수 있습니다.

완벽한 작품을 만들고 싶어 끙끙대다 도움을 청하는 아이도 있습니다. 이럴 때는 실수하고, 놀고, 실험해도 괜찮다는 것을 시범으로 보여주세요. 도전해보고 실험해보도록 장려하는 것은 아무리 강조해도 지나치지 않을 만큼 중요합니다. 여러분도 함께 활동할 수 있도록 재료를 준비해 직접 재료를 가지고 놀고 실수하는 모습을, 그 과정에서 해결해나가는 모습을 시범으로 보여주세요. 그러면 아이가 자신만의 성장 마인드를 키우는 데 매우 큰 도움이 될 것입니다.

지금까지 많은 사람과 대화하며 어린 시절의 창의성이 어른에 의해 묵살당했던 경험을 수없이 들었습니다. 어른이 선뜻 도와주겠다고 나서거나 어떻게 하면 더 잘 만들 수 있는지 조언하면 의도와 상관없이 아이들은 자신이 약하다고 느끼고 활동을 하는 내내 긴장할 수 있습니다. 아이가 도움을 청하면 아이의 작품을 '수정'하고 싶은 충동이 생길 수 있습니다. 하지만 아이의 작품에 직접 손을 대거나 어떻게 만드는 게 좋을지를 대신 결정하지 마세요. 이는 매우 중요한 부분입니다. 아이들에게는 자기 생각을 실험할 수 있는 시간과 창의적인 결정을 하며 이것저것 만들어볼 수 있는 공간이 필요합니다. 실험하는 과정은 단기적으론 어려울지 몰라도 결국 아이에게 창의적인 용기를 불어넣어줄 것입니다.

창작 과정에 열중한 아이들은 깊이 몰입하게 됩니다. 그런 순간에는 질문이나 코멘트로 아이들을 방해해선 안 됩니다. 그저 아이들이 탐구할 수 있는 공간을 제공하고, 함께 성찰해볼 수 있는 초대 활동을 덧붙이면 됩니다.

창작하는 과정에서 아이와 이야기를 나눌 때는 최대한 객관적인 발언만 하기 바랍니다. 작품에 대한 의견, 선호, 편견이 드러나는 발언은 반드시 삼가세요.

어떤 아이들은 초대장에 느리게 반응하기도 합니다. 그래도 괜찮습니다! 여러 가지 이유로 그럴 수 있습니다. 활동을 하고 싶은 기분이 아닐 수도 있고, 활동이나 재료 자체에 관심이 없어서일 수도 있습니다. 다른 것에 관심이 팔려 있거나 자기만의 생각이 있어서 그럴 수도 있죠. 그럴 땐 그냥 아이와 함께 놀며 아이의 관심사를 따라가보세요. 우리의 주된 목표는 아이의 창의적인 생각을 독려하는 것입니다. 강요하는 것은 아무런 도움이 되지 않습니다.

아이가 활동을 시작할 수 있도록 시도해볼 만한 몇 가지 요령이 있습니다. 우선 아이가 시작하길 주저한다면 여러분이 먼저 시범을 보여주세요. 롤모델이 되는 것은 단순한 방법이지만 아이의 호기심을 불러일으키는 데 도움이 됩니다. 재료에 흥미를 느끼지 못할 경우, 아이에게 다른 재료를 추가하고 싶은지 물어보세요. 만약 아이가 다른 것에 정신이 팔려 있거나 다른 선택을 해 주의가 산만하다는 느낌이 들면 다른 시간에 다시 초대하면 됩니다. 전날 강아지를 가족으로 입양해 자신이 준비한 초대에 아이가 관심을 보이지 않은 듯하다고 한 부모의 이야기를 들은 적도 있습니다. 그렇죠. 그럴 수도 있습니다!

이 초대장의 장점은 아이의 눈높이에 맞춰 만날 수 있다는 것입니다. 추상적인 이미지를 좋아하는 아이도 있고 현실적인 이미지를 좋아하는 아이도 있습니다. 천천히 작업하는 아이도 있고 빠르게 작업하는 아이도 있죠. 색칠하기를 즐거워하는 아이가 있는가 하면 스케치를 좋아하는 아이도 있습니다. 아이가 미술 활동을 할 때 여러분이 본 것을 기록해두세요. 아이가 자신의 작품에 관해 이야기하는 것을 좋아한다면 포스트잇에 적어 작품 뒤에 붙여주세요. 추억을 보관하는 하나의 방법입니다.

아이가 자신감 있게 창의적인 선택을 할 수 있는 공간을 마련해주면 아이의 호기심과 상상력을 자극하는 것이 무엇인지 더욱 잘 이해할 수 있습니다. 아이가 유독 좋아하는 재료는 무엇인지 유심히 살펴보면서 아이의 호기심을 따라가보세요. 저는 이 부분이 가장 재미있었습니다. 아이를 지켜보는 동안 떠오른 생각을 메모해두고 다음 프로젝트를 조정할 때 활용해보세요. 아이들은 자신의 호기심을 설명하는 과정에서 더 큰 의미를 찾을 것입니다.

독려하기

지금부터는 따뜻한 말, 열정, 열린 마음으로 아이들의 호기심을 강화하는 방법, 아이들이 탐구하고, 놀고, 탐험할 때 적절하게 도움을 줄 수 있는 방법을 알아봅시다.

작품에 관해 이야기하기

우리가 사용하는 언어는 아이들이 이 세상에서 자신의 창의적인 역할을 직시하고 창작자로서 자기 자신을 바라보는 방식에 큰 영향을 미칩니다.

- 열린 대답이 있는 질문을 하세요. 작품에 대해 질문할 때 판단은 배제하고, 진정한 호기심을 보여주는 확장 가능한 질문을 해주세요. 예를 들어 "이걸 어떻게 만들었는지 좀 더 자세히 말해줄래?"와 같은 질문은 "차를 만들었니?"와 같은 폐쇄식 질문보다 훨씬 더 듣기 좋습니다.
- 관찰을 바탕으로 한 의견을 내세요. 간혹 아이들이 여러분에게 자신의 작품을 좋아하는지, 좋아하지 않는지를 물어볼 것입니다. 어떤 작품이든 우리의 대답은 "좋아해"이지만 아이가 칭찬만을 바라고 작품을 만들 수도 있으니 최상급 칭찬에 너무 열중해서는 안 됩니다. 그보다는 여러분이 관심이 가는 부분, 예를 들어 "테이프를 이용해 나무를 종이에 붙인 게 좋아 보여", "이 부분을 만들 때 특히나 공을 들인 것 같아"와 같이 말하는 것이 좋습니다. 이런 접근 방식은 여러분이 아이의 생각과 노력에 관심이 있다는 것을 보여줄 수 있습니다. 또한 아이에게 단순히 만들기를 위한 만들기가 가능하고, 창작하는 데 옳고 그른 방

식은 없다는 것을 알려줄 수 있습니다.
- 아이에게 활동을 제안할 땐 간단히 "네가 이 재료를 가지고 무엇을 만들지 궁금해"라고 말해주세요. 만약 아이와 함께 작업할 계획이라면 "우리가 이 재료를 가지고 무엇을 만들 수 있을지 궁금하네"라고 말하면 됩니다.
- 작업하는 도중에 아이가 생각에 잠겼다면 말을 걸지 말고 가만히 지켜보세요. 아이가 창의력의 흐름 속에 푹 빠져 있을 때 말을 걸면 오히려 방해가 되고 자칫 생각의 흐름이 끊어질 수 있습니다.
- 만들기를 하면서 이야기하는 걸 좋아하는 아이도 있습니다. 아이가 이야기를 나누고 싶어 할 땐 대화하는 것을 주저하지 마세요.
- 주관적이거나 완성품에 치중한 의견은 자제하고, 사실에 기반을 둔 의

견만 말하세요. 아무리 좋은 의도로 말한 것이라 해도 아이는 "좋아해", "예쁘다"라는 말을 듣는다면 편견이 생길 수 있습니다. 결국 자기 생각과 상상력을 바탕으로 작품을 만들기보다 어른을 기쁘게 하기 위한 작품을 더 많이 만들지도 모릅니다. 그러니 "나는 이 무지개가 좋아. 예쁘다"와 같이 사실에 기반을 둔 의견만 전하세요.
- 아이를 독려하고 싶다면 "네가 열심히 노력했다는 거 알아"와 같이 과정이나 아이의 노력에 대해 말해주세요.
- 아이와 함께 작품을 만들 땐 즐겁게 활동하세요. 아이의 멋진 아이디어를 칭찬하고 작품에 적용해보세요. 여러분의 실수를 인정하고 여러분의 작품이 불완전해도 내버려두세요. 아이들은 어른이 덤벙대는 모습을, 그러면서 문제를 해결하는 모습을 보는 걸 좋아합니다.
- 아이가 창의적인 작업을 하는 동안 여러분이 관찰한 것을 말해주세요. 어려운 미술 용어를 숙지하는 데 도움이 됩니다. 예를 들어 "네가 그림 붓을 들어 종이에 수직선을 그리는 것을 보았어", "이 부분에서 목탄을 어떻게 혼합했는지 설명해줄 수 있니?"라고 말해주세요.

만들기 중 질문하기

함께 만들기를 하는 것은 아이와 교감하며 아이의 생각을 들을 수 있는 매우 좋은 기회입니다. 만들기 시간 동안 아이에게 어떤 질문을 하면 좋을지 미리 생각해둘 필요가 있습니다.

- **감각**: "물감을 만져보니 어떤 느낌이 들어?", "점토를 반죽할 때 어떤 소리가 나?", "파스텔이 종이 위에서 어떻게 움직여?"
- **재료**: "책상 위에 어떤 재료들이 보여?", "재료를 보고 무엇을 알게 되었어?", "그림붓은 어떻게 움직여?", "실에 이 비즈를 어떻게 꿸 수 있

을까?"
- **의사소통**: "물감으로 우리가 간 바다 여행을 어떻게 표현할 수 있을까?", "목탄을 사용해서 우리 집 강아지 초상화를 그려볼까?"

과정에 대한 질문

작품에 대한 대화는 아이가 개념을 구체화하고 학습하는 데 도움이 됩니다. 어휘를 쌓고, 추상적인 개념을 연결하고, 서로 관계를 맺는 데도 보탬이 됩니다. 아이가 작품을 완성한 뒤에 아이가 의도한 것이 무엇이었는지 생각해보는 것도 매우 즐거운 과정이며, 활동에 대해 더욱 잘 이해할 수 있습니다. 아이에게 무엇을 만들었는지, 어떻게 만들었는지 설명해달라고 해보세요. 대부분의 아이는 작품 속에 숨은 의도나 생각에 대해 말하는 것보다 어떻게 만들었는지, 무슨 이야기를 만들었는지 설명하는 것을 더욱 편안하게 생각합니다. 예를 들어 다음과 같이 질문해보세요.

- "너의 그림에 대해 말해줄 수 있니?"
- "(특정 부분을 가리키며) 어떻게 이 부분을 만들었는지 말해줄래?"
- "이 작품을 만들면서 네가 말하는 걸 들었어. 이 그림이 어떤 상황인지 자세히 설명해줄래?"
- "이걸 만드는 동안 정말 재미있는 시간을 보내는 것 같더라. 어떻게 만들었는지 자세히 말해줄 수 있니?"

한 단계 더 나아가 이런 이야기나 직접적인 인용문을 작품 뒤에 적어보세요. 여러분도, 아이도 오랫 동안 그 작품을 기억할 수 있을 것입니다.

성공적인 창작 시간을 위한 팁

일단 창작으로의 초대 활동을 시작하면 아이가 무엇을 경험하게 되는지, 또 어떻게 그 경험을 단순한 활동 이상으로 확장할 수 있는지 궁금해질 것입니다. 제가 지난 몇 년간 많은 부모와 나눈 대화를 바탕으로 정리한 몇 가지 팁을 소개합니다.

새로운 재료를 사용하는 방법을 시범으로 보여주세요. 물론 별다른 지도 없이도 활동할 수 있지만 종종 지도가 필요할 때도 있습니다. 이 재료에 어떤 효과가 있는지, 어떻게 사용할 수 있는지 시범을 보여주는 것은 괜찮습니다. 하지만 아이를 위해 작품을 만들거나 아이의 작품에 손을 대는 것은 절대 안 됩니다. 항상 실험 정신을 가지고 여러분이 직접 자기 작품을 만들며 시범을 보여줘야 합니다.

학습을 확장할 수 있는 기회를 찾으세요. 아이가 어떻게 초대에 반응하는지 관찰하고 아이가 흥미를 느끼는 것, 아이에게 했던 질문, 아이가 어려워하는 부분을 기록해주세요. 그리고 창의력을 지피는 작은 불씨가 어떻게 또 다른 자극을 만들어낼 수 있을지 곰곰이 생각해보세요.

과정과 작품은 상호 연결되어 있습니다. 아이들이 결과 지향적이라 해도 괜찮습니다. 이 책에 소개한 대부분의 활동은 과정 중심이지만 우리 꼬마 창작자들은 본능적으로 자유롭게 만든다 해도 늘 특정 결과를 머릿속에 두고 활동한다는 점을 잊지 말아야 합니다. 아이들은 계획을 분명하게 설명하지 않기 때문에 우리에게는 정확히 와닿지 않을 수 있습니다. 그러나 목표와 의도는 호기심을 이끄는 원동력입니다. 이런 원동력으로 아이들은 색을 혼합하고, 그림붓이 어떤 효과를 만드는지 실험해보게 됩니다. 또 타워 위에 블록을 하나 더 쌓으면 어떻게 될지 확인해보는 힘을 주기도 합니다. 이런 목표는 아이들에게 작품과도 같습니다.

몰입과 반복 작업은 자신감과 이해를 길러줍니다. 같은 활동을 여러 번 반복하다보면 패턴이 익어 아이가 좀 더 편하게 실험할 수 있습니다. 만약 아이가 이 책에 소개한 활동 중 하나에 푹 빠진다면 같은 활동을 여러 번 반복하고 싶어 할 것입니다. 그럴 땐 다른 색을 추가하거나 재료를 살짝 바꿔주세요. 우리 가족은 프로젝트를 끊임없이 반복했고, 여러 회를 거듭하며 아이가 커갈수록 점점 더 복잡한 활동도 만들어냈습니다.

축하합니다! 여기까지 읽었다면 이제 공식적으로 창작으로의 초대장을 만들 준비가 되었습니다! 어디서부터 시작하면 좋을까요? 우선 4개의 파트를 살펴보고 눈길이 가는 활동이 있다면 거기서부터 시작해보세요. 아직 재료가 완벽하게 준비되지 않았다 해도 주저하지 마세요. 제 큰딸이 16개월이었을 때 저는 아이와 미술 활동이 하고 싶었지만 가진 거라곤 두루마리 종이 하나와 크레파스 몇 개뿐이었습니다. 그때 우리는 어떻게 했을까요? 다음 활동으로 넘어가기 전까지 몇 개월 동안 두루마리 종이와 크레파스만으로 재미있게 활동했습니다. 물론 이 책에 소개한 활동 중에는 문방구에 방문해 준비해야 하는 재료도 있지만 대부분의 활동은 기본 재료인 종이, 펜, 풀, 이렇게 세 가지 도구만 있으면 충분합니다.

여러분의 인생에 찾아온 작고 소중한 존재의 창의력에 불씨를 지핀다면 확신하건대 여러분도 그에 따른 보답을 받게 될 것입니다. 아이가 창의적 놀이에 깊이 빠져 있는 어느 날 아침, 백설공주가 여러분의 창가에서 왈츠를 추는 듯한 순간이 찾아온다면 꼭 저에게도 알려주세요!

재료 종합 목록

이 책에 소개된 모든 재료를 한눈에 볼 수 있도록 정리해보았습니다.

종이
습자지
마분지
공작 용지(색지, 검은색 둘 다)
복사 용지
도화지
두꺼운 종이(명함 종이, 수채화지, 아트지, 아황산 색종이 등)
두루마리 종이 또는 식료품점 종이봉투와 같은 대형 용지
종이접기 종이 또는 컬러 복사 용지
메모지
박엽지

물감
수채물감
액상 수채물감 또는 식용 색소
템페라 물감
템페라 고체물감 팔레트
템페라 포스터 페인트(다양한 색깔)

접착제/테이프
장식용 테이프
마스킹 테이프
고체풀
저온 글루건 또는 스틱형 접착제
작은 접착제용 병

흰색 접착제

그리기 도구
분필 파스텔 또는 색분필
색연필
압축 목탄
마커
연필
네임펜
각종 그림붓
템페라 페인트 스틱 또는 젤 크레파스

섬유
마대 또는 올이 성긴 직물
착색 펠트
질감이 거친 하얀 펠트(30×46cm)
짜깁기 바늘 또는 끝이 뭉툭하고 바늘 귀가 큰 바늘
자수틀
자투리 천
끈
다양한 색실

도구
어른용 가위
아동용 가위
흰색 여백이 있는 흑백 사진(172~175)

쪽 참조)
눈알 스티커
무른 목탄용 지우개(퍼티 지우개)
구멍 펀치
종이 펀치
스테이플러
스텐실
철사 절단기
베이킹 트레이
블록
판지 달걀판
휴지 심지
투명 비닐 시트지
빗
보관 용기
쿠키 커터
면봉
컵, 뚜껑 등 동그란 모양을 찍을 수 있는 도구
포크
물 담기용 병
머핀 틀
오래된 명함이나 작은 판지 조각
종이 접시
종이 타월 또는 둥근 커피 필터
파티용 접시
파이펫 또는 점안기
물감용 팔레트
감자 매셔
롤링 핀
요리용 꼬챙이
작은 그릇

작은 화분
작은 천 조각
스펀지
빨대
가느다란 철사
이쑤시개
꽃병

소품

비즈(연결 구멍이 난 비즈)
나무색 비즈
단추
원형 스티커
코르크
크래프트 스틱
깃털
파이프 클리너
폼폼
스팽글
스티커

자연물

초록색 잎
솔방울이나 조개껍데기 같은 자연물
잔가지
물
나무 조각

점토

에어드라이 점토
성형 점토
플레이도우(170쪽 참조)

실수 같은 건 없습니다.
이기고 지는 것도 없습니다.
오직 만드는 것뿐입니다.

-코리타 켄트,
수녀이자 미술 운동가, 대학 미술 교육자

PART 1
크레파스, 종이, 스티커,
그리고 다른 건식 재료

"엄마! 제가 점을 다 덮어버렸어요." -테이트

① 점을 이어 보아요

- 도화지
- 오일 파스텔

도화지에 자유롭게 점을 찍어주세요. 아이를 초대해 실제로 있는 모양이나 자유롭게 상상한 모양을 그릴 수 있도록 해주세요. 그리고 모양에 색을 칠하거나 장식을 해요.

응용

▶ 매직, 크레파스, 색연필로도 그려보세요.
▶ 아이가 스스로 점을 찍어볼 수 있게 해주세요.
▶ 아이와 함께 같은 도화지에 번갈아가며 모양을 그리고 찾아보아요.
▶ 찾은 모양으로 이야기를 만들어보세요.

스탠퍼드 아동미술 클래스

크레파스와 종이테이프로 꾸며요

- 아동용 가위
- 크레파스
- 장식용 종이테이프
- 도화지

탁자 위에 종이를 넓게 깔아주세요. 색연필, 종이테이프, 가위를 준비해주세요. 이제 아이를 초대해 만들어보아요.

팁

- ▶ 아이가 어리다면 종이테이프를 미리 잘라 나무 블록 같은 곳에 붙여 준비해주세요.
- ▶ 다양한 종이테이프를 사용하면 훨씬 더 즐겁게 활동할 수 있어요.

응용

- ▶ 투명 테이프나 고무줄을 이용해 크레파스 3개를 하나로 묶어 아이에게 슈퍼 크레파스를 선사해주세요.

"소방관이 불을 끄고 있어요. 소방관님 감사합니다.
목탄은 지저분해져요. 저는 목탄을 문질러서
연기를 표현하는 걸 좋아해요." -에멀린

목탄으로 그려보아요

- 압축 목탄
- 니더블 지우개
- 작은 천
- 수채화지나 판지처럼 질감이 있는 종이
- 마스킹 테이프

아이가 그림을 그리는 동안 종이가 움직이지 않도록 마스킹 테이프를 이용해 도화지 가장자리를 책상에 붙여주세요. 목탄의 뾰족한 끝부분과 가장자리 부분으로 그림을 그렸을 때 어떤 효과가 나타나는지 시범을 보여준 뒤 아이가 목탄으로 스스로 그림을 그려볼 수 있게 해주세요. 천을 이용해 목탄을 문질러 번지게도 해보고 지우개로 지워보게도 해주세요.

팁

▶ 손이 작다면 목탄을 작게 잘라 사용하세요.
▶ 목탄으로 주위가 지저분해질 수 있으니 책상을 천으로 덮어 가루를 정리해주세요.
▶ 아이가 목탄의 느낌을 싫어한다면 휴지로 목탄 끝부분을 싸서 손이 더러워지지 않게 해주세요.
▶ 물수건으로 더러워진 손을 닦게 해주세요.

응용

▶ 하얀 분필을 함께 사용해 명암을 표현해보세요.
▶ 힘주어 그려보기도 하고 약하게 눌러 그려보기도 하세요.
▶ 목탄 가장자리를 종이에 문질러보세요.
▶ 매끈한 종이, 질감이 거친 종이 등 다양한 종이를 사용해보세요.

원을 그려보아요

- 도화지
- 마커

격자 모양의 종이를 준비해주세요. 아이가 직접 그림이나 사진 등으로 원을 채워볼 수 있도록 해주세요.

팁

▶ 휴지 심지 끝에 물감을 묻힌 뒤 종이에 도장처럼 찍어 원을 만들어주세요. 그리고 한 시간 정도 말려주세요. 컵을 대고 그려도 좋고, 컴퍼스를 사용해도 좋고, 손으로 편하게 그려도 좋아요.

응용

▶ 나란히 앉아 하나씩 번갈아가며 협동해서 꾸며보세요. 다른 아이디어가 떠오르면 추가할 수 있도록 동그라미 주위 공간은 비워두세요.

"저는 사각형 안에 바다를 만들려다가
바다코끼리도 만들 수 있다는 걸 깨달았어요.
그리고 물속에 사는 박쥐도 그렸어요." -너반

프레임을 채워보아요

- 도화지
- 마커

종이에 여러 가지 프레임을 그리거나 176~177쪽에 있는 프레임을 복사해주세요. 아이를 초대해 프레임을 그림으로 채워볼 수 있도록 해주세요.

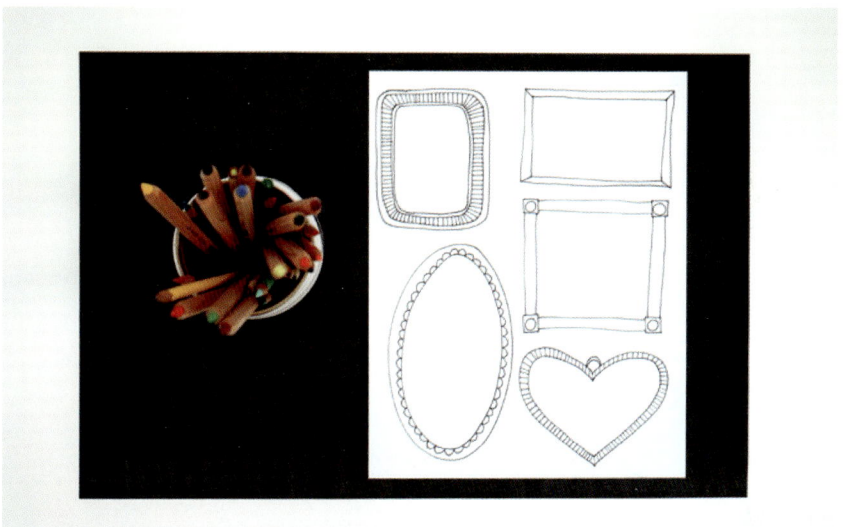

응용

▶ 프레임 모양대로 오린 뒤 벽에 붙여 완성품을 전시해보세요.
▶ 대형 크기 종이나 커다란 두루마리 종이를 바닥에 깔거나 벽에 붙인 뒤 커다란 프레임을 그려보세요.
▶ 프레임을 만화책에 있는 칸이라고 생각하고 이야기 속 장면들로 채워보세요.

스탠퍼드 아동미술 클래스

분필 파스텔로 그려보아요

- 분필 파스텔
- 공작 용지(아무 색이나)
- 용기에 담긴 물

분필 파스텔과 종이를 준비한 뒤 파스텔로 그림을 그려보자고 아이를 초대하세요. 파스텔로 그림을 그렸다면 용기에 담긴 물을 준비해주세요. 이번에는 그림을 그리기 전에 분필 파스텔을 물에 살짝 담가봅시다. 어떤 일이 벌어질까요?

팁

▶ 이 활동은 질감이 있는 종이를 사용하는 것이 가장 좋아요.
▶ 아이가 분필 파스텔의 거칠거칠한 질감을 좋아하지 않는다면 파스텔 끝부분을 휴지로 감싸 잡게 하세요.

응용

▶ 색 혼합 활동을 위해 작은 천을 준비해주세요. 초미세 사포(300방 이상)에 분필 파스텔로 그림을 그리면 생동감 있는 효과를 낼 수 있어요.
▶ 조개껍데기나 나뭇잎 같은 다양한 자연물을 준비해주세요. 그리고 아이가 보이는 것을 직접 그려볼 수 있도록 해주세요.
▶ 검은색 공작 용지와 하얀색 분필 파스텔을 준비하여 높은 흑백 대비를 탐험해볼 수 있도록 해주세요.

"저는 나뭇잎을 먼저 만져보고 나서 종이에 그 질감이 어떻게 표현되는지 보는 것을 좋아해요. 저에겐 그렇게 어렵지 않아요. 저는 그림이 색깔 있는 나뭇잎처럼 보여서 좋아요." -샤롯

나뭇잎을 표현해보아요

- 복사 용지
- 크레파스
- 갓 딴 나뭇잎

겉 종이를 벗기고 반으로 쪼갠 크레파스 몇 개와 나뭇잎, 종이를 준비해주세요. 그리고 아이가 나뭇잎을 종이 아래에 깔고 크레파스를 눕혀 나뭇잎 위를 문질러볼 수 있게 해주세요. 나뭇잎의 윤곽과 잎맥이 종이 위에 나타날 거예요.

팁

▶ 낙엽은 부서질 수 있어서 이 활동에는 적합하지 않아요.

응용

▶ 이 프로젝트를 시작하기 전에 아이와 함께 밖으로 나가 신선한 나뭇잎을 모으는 활동을 해보세요.
▶ 크레파스 색은 한 가지 이상을 사용하세요.
▶ 아이의 작업이 끝나면 수채물감으로 나뭇잎 위를 덧칠해볼 수 있게 해주세요.
▶ 크레파스가 있는 자리에는 물감이 스며들지 않아 물감이 그대로 드러날 거예요.

"여긴 캄캄한 밤이고, 이건 수영장으로 들어가는 미끄럼틀이에요."
—제너비브

8 검은색 종이 위에 오일 파스텔

- 검은색 공작 용지
- 오일 파스텔

아이를 초대해 종이 위에 오일 파스텔로 그림을 그리는 활동을 해보세요. 오일 파스텔은 크레파스보다 부드럽고, 색을 쉽게 섞을 수 있으며, 힘을 주지 않아도 잘 그려져요.

팁
▶ 이 활동에는 공작 용지나 수채화지 같은 무겁고 질감이 있는 종이가 적합해요.

응용
▶ 파스텔 옆에 오일 한 컵과 면봉을 준비해주세요.
▶ 면봉을 오일에 살짝 적신 뒤 종이 위에서 직접 색을 섞어볼 수 있도록 해주세요.
▶ 다른 색의 종이에도 같은 활동을 해보세요.

"이 게는 눈이 22개나 달렸어요. 눈알 스티커를 사용하면 이 많은 눈을 일일이 다 그리지 않아도 된답니다." -카이

9 눈알 스티커가 나를 보고 있어요

• 도화지   • 눈알 스티커   • 마커

종이에 눈알 스티커를 붙여보세요. 아이를 초대한 뒤 동물, 사람, 곤충 또는 상상 속 동물의 눈알 모양을 그려보아요.

응용

▸ 눈알 스티커가 없다면 종이에 간단하게 눈을 그려주세요.
▸ 가족, 동물원, 새 무리도 만들 수 있다는 걸 보여주기 위해 눈알 몇 세트를 종이에 그려주세요.
▸ 상상력을 더욱 자극하고 싶다면 고양이 수염이나 토끼 귀 같은 몇 가지 작은 디테일을 그려보세요.
▸ 아이에게 종이에 붙일 수 있는 눈알 스티커를 몇 개 주세요.

"나는 그림 그리기가 좋아요. 배트맨을 그렸어요." -타이슨
"저는 페이지마다 공룡을 그렸어요." -루시

⑩ 책을 만들어요

- 색연필
- 종이 펀치
- 스티커
- 색지(1장)
- 스테이플러
- 템페라 페인트 스틱 또는 젤 크레파스
- 복사 용지(3장)
- 스텐실

색지를 맨 아래에 두고 그 위에 복사 용지를 차곡차곡 쌓은 뒤 종이를 반으로 접어요. 접힌 면 두 곳에 스테이플러를 찍어 종이가 책 모양이 될 수 있도록 고정해요. 그런 다음 아이를 초대해 제공된 도구로 책을 만들어보아요.

응용

▶ 가벼운 수채화지로 책을 만든 뒤 아이가 각 페이지를 칠할 수 있도록 수채물감을 준비해주세요.
▶ 다양한 크기의 책을 여러 권 만들어 아이가 어떤 크기의 책을 좋아하는지 살펴보세요.
▶ 책을 함께 써보세요.
▶ 접착제와 공작 용지 같은 콜라주 재료를 추가로 제공해주세요.
▶ 자연 일기를 작성해보아요.
▶ 책을 들고 산책을 나가 길에서 본 것을 기록해보세요.
▶ 스테이플러가 없다고요? 책등에 2개의 구멍을 뚫은 뒤 리본으로 구멍을 연결하세요.

"이건 저와 제 고양이가 커다란 꽃 위에서 점프하고 있는 모습이에요." -시어도어

11 꽃을 그려요

- 도화지
- 템페라 페인트 스틱 또는 젤 크레파스
- 꽃병

꽃병이나 화분을 준비해주세요. 책상에 물감 스틱과 종이를 놓은 뒤 아이를 그리기 활동에 초대해주세요.

팁

- ▶ 아이가 원하는 걸 자유롭게 그릴 수 있도록 해주세요.
- ▶ 꽃에서 영감을 받을 수도 있지만 방이나 추억 또는 상상 속의 아이디어에서 영감을 받을 수도 있어요.

응용

- ▶ 종이와 색연필, 클립보드, 확대경을 들고 야외로 나가 그림을 그려보아요. 준비물을 배낭에 넣어 메고 나가면 하이킹을 할 수 있어 휴식하기도 편해요.
- ▶ 종이에 프레임을 그린 뒤 눈앞에 보이는 것으로 채워보세요. (65쪽 '프레임을 채워보아요' 참조)
- ▶ 아이에게 네임펜으로 그림을 그리게 한 뒤 수채물감으로 색칠해볼 수 있도록 해주세요.
- ▶ 봄에는 꽃, 가을에는 감과 사과, 여름에는 복숭아와 조개껍데기, 겨울에는 지팡이 사탕과 호랑가시나무 같은 간단한 정물을 준비해 활동에 계절감을 더해보세요.

"저는 실사 같은 그림을 좋아해요.
거기에 나만의 그림을 더하면 어떤 것을 그려도 잘 어울리거든요." -메들린

흑백 사진에 표현해보아요

• 흰색 여백이 있는 흑백 사진(172~175쪽 참조)   • 색연필   • 마커

자동차, 나무, 집, 장난감 등 아이의 관심을 끌 만한 사물의 흑백 사진을 찾으세요. 이미지를 프린트한 뒤 테이블 위에 놓고 그 옆에 그리기 도구를 준비해주세요. 그리고 아이를 그리기 활동으로 초대합니다.

팁

▶ 크기가 작거나 사진 속에 이미지가 하나만 있는 경우에는 가위로 오려서 백지에 붙여주세요. 아이가 자신의 아이디어를 덧붙일 수 있도록 흰 여백을 남겨주세요.

응용

▶ 큰 아이들에게는 연필과 지우개를 준비해주세요.
▶ 여러 장의 이미지를 모아 이야기를 만들어보세요.
▶ 아이들은 직접 선택할 때 동기 부여가 됩니다!
▶ 아이들에게 여러 개의 이미지를 주고 스스로 고를 수 있게 해주세요.

"목탄은 재미있어요. 예전엔 목탄이 뭔지 몰랐어요." -쿠퍼

목탄과 자연물을 조합해보아요

- 압축 목탄
- 니더블 지우개
- 작은 천
- 솔방울, 조개껍데기 같은 자연물
- 공작 용지나 수채 용지처럼 질감이 있는 종이

자연물을 준비해주세요. 아이에게 목탄의 뾰족한 끝부분과 가장자리 부분으로 그림을 그렸을 때 어떤 효과가 나타나는지 시범을 보여주세요. 천을 문질러서 목탄을 번지게 하는 방법과 니더블 지우개로 목탄을 지우는 방법도 직접 보여주세요. 그런 다음 아이를 그리기 활동으로 초대합니다.

팁

▶ 아이와 함께 산책하면서 자연물을 수집해보세요. 그리고 그 자연물을 목탄 그리기에 사용해요.
▶ 만약 지우개가 새것이라면 지우개를 늘렸다가 다시 짓이겨 물렁물렁한 덩어리로 만들어주세요.
▶ 작고 세밀한 부분을 지울 때는 지우개 끝을 뾰족하게 만들어주세요.
▶ 목탄은 주위가 지저분해질 수 있으니 우려된다면 책상에 커버를 씌워주세요.
▶ 아이가 목탄의 느낌을 좋아하지 않는다면 휴지로 목탄 끝부분을 싸서 손이 더러워지지 않게 해주세요.
▶ 아이가 손이 작다면 목탄을 작게 잘라서 사용하세요.

예술은 아이들에게 문제의 해답이
하나 이상일 수 있고, 질문에 대한 답도
하나 이상일 수 있다는 것을 가르칩니다.

-엘리엇 아이즈너, 예술 교육 교수

PART 2

물감,
물,
스펀지,
그리고 다른 습식 재료

14 동그라미 도장을 찍어보아요

- 컵, 뚜껑, 휴지 심지 등 다른 크기의 동그란 모양을 찍을 수 있는 도구
- 두꺼운 종이
- 종이 접시(2~4개)
- 템페라 포스터 페인트

종이 접시에 물감을 조금씩 부은 뒤 물감이 너무 뻑뻑하지 않도록 넓게 펴주세요. 아이를 초대해 준비한 도구를 페인트에 적신 뒤 종이에 동그라미 모양 도장을 찍어볼 수 있게 해주세요.

응용

- ▶ 어린아이들의 경우, 낮은 탁자에 종이를 넓게 깔아 서서 쉽게 도장을 찍을 수 있게 해주세요.
- ▶ 흰 종이에 어두운색 물감을 사용하거나 어두운색 종이에 밝은색 물감을 사용해보세요.
- ▶ 붓을 이용해 디테일을 더하거나 다른 공간을 채울 수 있게 해주세요.
- ▶ 물감이 다 마르면 오일 파스텔, 마커, 크레파스를 이용해 디테일을 더할 수 있게 해주세요.

"저는 원을 만들려고 두 가지 다른 색을 섞었어요." -에이바

15 스펀지 도장을 찍어보아요

- 어른용 가위
- 빨래집게
- 도화지 또는 두꺼운 종이
- 종이 접시(2~4개)
- 스펀지
- 템페라 포스터 페인트

종이 접시에 물감을 조금씩 부은 뒤 물감이 너무 뻑뻑하지 않도록 넓게 펴주세요. 스펀지를 다양한 모양으로 잘라주세요. 스펀지마다 빨래집게를 꽂아 손잡이가 될 수 있게 해주세요. 아이를 초대해 빨래집게를 잡고 스펀지를 물감에 적신 뒤 종이에 도장을 찍을 수 있게 해주세요.

팁

▶ 물감이 너무 뻑뻑할 때는 물을 넣어 묽게 풀어주세요.
▶ 빨래집게 없이 스펀지를 바로 물감에 적시고 싶어 하는 아이들도 있어요. 그래도 괜찮아요!
닦을 것만 준비해주세요.

응용

▶ 말랑말랑한 화장용 스펀지, 버블 랩 또는 해면 스펀지를 사용해 다양한 질감을 경험하게 해주세요.
▶ 마커로 먼저 그림을 그린 뒤 스펀지로 도장을 찍어보세요.

"제일 먼저 테이프로 모양을 만들었어요. 그리고 바깥쪽에 색칠해보기로 했죠. 그러면 그 안에 뭔가 작은 것이 들어 있을 것 같거든요. 테이프를 사용하는 건 정말 멋져요. 엄청나게 똑바른 직선도 만들 수 있어요." -TY

16 테이프 페인팅으로 표현해보아요

- 마스킹 테이프
- 작은 천
- 병에 담긴 물
- 수채물감
- 수채 그림붓
- 수채화지

테이프로 수채화지 위에 도형 윤곽선이나 선을 그리고, 그 옆에 물감, 물병, 붓, 천을 준비해주세요. 아이가 색칠할 수 있도록 초대합니다. 물감이 다 마르면 마법처럼 멋진 등장을 위해 테이프를 제거해주세요.

팁

- 색을 바꿔 칠할 때마다 붓을 씻어주세요. 붓을 물통에 넣고 부드럽게 위아래로 흔들어 색 빼는 방법을 시범으로 보여주세요.
- 붓에 물기가 너무 많이 남아 있을 땐 천을 사용해 남은 물기를 제거하는 방법도 시범으로 보여주세요.

응용

- 아이가 종이 어디에 테이프를 더 붙일지 결정할 수 있게 해주세요.
- 테이프 대신 코딩 라벨 같은 스티커를 붙여보세요. 아이를 초대해 색을 칠한 뒤 흰 여백이 드러나도록 스티커를 제거해보세요.

"저는 이 프로젝트에 다양한 도구를 사용하는 게 좋아요." -카르멘

17 흑과 백을 느껴보아요

- 검은색 템페라 포스터 페인트
- 흰색 템페라 포스터 페인트
- 포크, 면봉, 작은 컵, 빨대 등 도장을 찍을 수 있는 도구
- 두꺼운 종이
- 종이 접시(2개)
- 그림붓

종이 접시 하나엔 흰색 물감을, 다른 하나엔 검은색 물감을 조금씩 담아주세요. 너무 뻑뻑하지 않게 물감을 넓게 펴주세요. 물감과 두꺼운 종이, 다양한 도장 찍기 도구, 그림붓을 준비해주세요. 아이를 초대해 도장 찍기와 색칠하기 활동을 해보세요.

응용

▶ 검은색 물감과 흰색 물감을 검은색 종이나 다른 색 종이에 칠해보세요. 아이가 어떤 배경색을 더 좋아하나요? 아이가 어떤 차이점을 알아차렸나요?

▶ 검은색과 흰색을 섞으면 회색이 된다는 것을 알아차렸을 것입니다. 검은색과 흰색을 어떤 비율로 섞느냐에 따라 다양한 색조를 만들 수 있습니다. 종이 접시를 더 많이 준비한 뒤 아이가 여러 색조의 물감을 섞어보게 해주세요. 물감이 다 마르면 유채색 물감으로 다른 공간을 칠할 수 있게 해주세요.

팁

▶ 흑과 백, 두 가지 색만 사용하는 그림은 아이가 모양, 선, 질감, 그리고 명도(색의 어두움과 밝음의 정도)에 집중할 수 있도록 도와줍니다.

"저는 스텐실 붓으로 나무를 만들었어요. 색칠하는 동안 스텐실이 움직이지 않게 스티커로 붙여두어요. 그런 다음 유채색 스텐실이나 마커로 안쪽을 색칠해요." -에멀린

18 스텐실로 이야기를 만들어요

- 두꺼운 종이 • 마커 • 마스킹 테이프 • 종이 접시 • 스텐실
- 스텐실 붓, 모가 짧고 풍성한 그림붓 • 템페라 포스터 페인트

원하는 색 물감을 종이 접시에 적당량 담은 뒤 너무 뻑뻑하지 않도록 넓게 펴주세요. 종이에 테이프로 스텐실을 고정시킨 뒤 아이를 초대해 모양 안을 물감으로 채우게 해주세요. 큰 아이의 경우, 다양한 스텐실을 준비해 스스로 고를 수 있게 해주세요. 스텐실을 종이에 어떻게 테이프로 붙이는지, 그리고 빈 공간에 어떻게 물감을 톡톡 두드리는지 직접 시범을 보여주세요. 아이가 스텐실과 마커로 그림을 그리거나 이야기를 만들어보게 해주세요.

팁

- ▶ 스텐실을 활용할 때는 적당량의 물감을 사용합니다. 물감이 너무 적으면 시간이 오래 걸립니다.
- ▶ 만약 붓에 물감이 너무 많이 묻으면 스텐실 아래로 스며들어 선이 흐릿해질 수 있습니다.
- ▶ 스텐실 붓을 종이 위에서 수직으로 잡은 뒤 아래위로 빠르게 두드리거나 (스펀지 형태라면) 작은 원을 그리며 움직여보세요.
- ▶ 스텐실이 없다면 종이 접시에 도안을 그려 공작용 칼로 오려내세요.
- ▶ 아이가 스텐실 붓으로 실험해볼 수 있도록 응원해주세요. 아이들은 어떤 효과를 만들어낼까요?

응용

- ▶ 종이의 다른 작은 부분으로 스텐실을 옮겨 패턴을 만들어보세요.
- ▶ 다양한 스텐실을 사용해 야단법석을 떨어보세요.
- ▶ 직물용 물감과 스텐실을 사용해 티셔츠나 행주를 장식해보세요.

"저는 접시에 그림을 그리는 게 좋아요." —레일라

19 접시에 그림을 그려보아요

- 종이 접시
- 마커
- 천
- 물통
- 수채물감
- 수채 그림붓

종이 접시 옆에 마커, 물감, 붓, 물, 천을 준비해주세요. 아이를 초대해 접시에 그림을 그리게 해주세요. 그런 다음 그림 위에 색을 칠합니다. 다른 색으로 바꿀 때마다 붓을 씻어내고 천으로 닦을 수 있도록 해주세요.

팁

▶ 원형 접시는 둥근 공간의 디자인 활동을 도와주는 참신한 재료예요. 만다라나 접시 중간에 그려진 그림처럼 둥근 모양에 영감을 받은 디자인을 해보도록 장려할 수 있습니다. 모든 가능성을 열어두세요.

▶ 만약 아이가 물감이나 마커만 사용하고 싶어 한다 해도 괜찮습니다! 마커를 젖은 물감 위에 사용하면 마를 수 있다는 것만 기억해주세요.

응용

▶ 좀 더 두껍고 투박한 디자인을 할 수 있는 포스터 페인트를 접시와 함께 준비해주세요.
▶ 그리기 활동을 위해서는 물감 없이 마커와 접시만 준비해주세요.
▶ 접시와 물감을 먼저 준비한 뒤 접시가 다 마른 다음 디테일을 그리기 위한 네임펜을 준비해주세요.

"저는 레몬을 색칠하고 있어요! 레몬은 부드러우니까 주위에 동그라미가 있어요. 포도는 점이니까 주위에 점이 많아요. 양상추는 제 머리카락처럼 뒤죽박죽이라 주위에 꼬불꼬불한 선을 그렸어요." -해들리

20 커다란 동그라미를 색칠해요

- 물감을 담은 저장 용기
- 큰 종이
- 마스킹 테이프
- 뻣뻣한 그림붓
- 수채 그림붓
- 템페라 포스터 페인트

책상 위에 커다란 종이나 테이프로 여러 장 연결된 종이를 덮어주세요. 종이 밑면에도 테이프를 붙여 움직이지 않게 고정해주세요. 저장 용기에 여러 가지 색의 물감을 담아주세요. 너무 뻑뻑하면 물을 조금 섞어줍니다. 수채 그림붓과 뻣뻣한 그림붓을 각 저장 용기에 꽂아주세요. 만약 아이가 한 명 이상이라면 붓을 추가로 더 준비하는 것도 고려해주세요. 아이디어를 펼치기 위한 활동으로 몇 개의 원을 색칠하며 시작하는 것이 좋습니다. 이제 아이를 초대해 색칠을 시작해보아요.

팁

▶ 규모가 크기 때문에 함께 협동하면 재미있고 쉬워지는 프로젝트입니다. 여러분이 함께 활동한다면 아이디어에 대해 의견을 내거나 어떻게 실험하는 중인지 설명해도 좋아요.
▶ 템페라 포스터 페인트에 흰색 물감을 조금씩 섞어 파스텔 톤을 만들어보세요.

응용

▶ 통일성을 위해 물감 색은 같은 색 계열로 제한해주세요.
▶ 원 대신 파형, 지그재그, 수평선을 그리거나 다른 모양을 그려보세요.
▶ 추가 활동을 하지 않고 사전 그림 없이 빈 종이만 준비해주세요.
▶ 수직으로 종이를 세워놓고 칠하려면 울타리나 바깥문에 종이를 붙여주세요.

"저는 그림붓보다 면봉이 더 좋아요.
더 날씬하거든요. 그래서 섬세하게 표현할 수 있어요." -샬럿

점을 색칠해보아요

- 물감을 담은 저장 용기
- 액상 수채물감 또는 식용 색소
- 면봉
- 수채화지

아이스큐브 트레이나 병에 액상 수채물감을 담아주세요. 색 하나당 면봉 하나씩을 넣은 뒤 색칠하기 활동에 아이를 초대해주세요. 페인트로 점을 찍고 넓게 펼쳐보는 활동은 면봉 붓의 가장 일반적인 사용법이지만 아마 아이는 새로운 방식을 만들어 낼 것입니다.

팁

- ▶ 물감을 더 적게 사용하고 싶다면 액상 수채물감이나 식용 색소를 물에 희석해 사용하세요.
- ▶ 면봉이 힘을 잃으면 새것으로 교체해 사용하세요.
- ▶ 끝이 뾰족한 면봉은 일반적인 면봉에 비해 더 오랫동안 탄탄하게 모양을 유지할 수 있습니다.

응용

- ▶ 흰색 종이와 대비를 이룰 수 있는 검은색 물감만 제공해보세요.
- ▶ 더 두꺼운 물감을 경험하게 하려면 포스터 페인트로 같은 활동을 해볼 수 있습니다.
- ▶ 검은색 종이와 밝은색 포스터 페인트를 준비해주세요.
- ▶ 연필로 아이의 이름을 크게 쓴 뒤 아이에게 물감으로 점을 찍으며 선을 따라가는 활동을 해보자고 초대해보세요.

스탠퍼드 아동미술 클래스

22 색을 퍼트려보아요

- 물감을 담은 저장 용기
- 파이펫 또는 점안기
- 트레이
- 종이 타월 또는 커피 필터
- 액상 수채물감 또는 식용 색소

액상 수채물감을 개별 용기에 짜서 담아주세요. 이때 파이펫이 잠길 수 있을 정도로 충분히 깊은 용기를 사용하세요. 이 활동은 주위가 지저분해질 수 있으니 책상에 커버를 씌우고, 물감이 바닥에 떨어지는 것을 방지하기 위해 트레이를 사용하는 것이 좋습니다. 아이를 초대한 뒤 파이펫으로 물감을 빨아들여 흡수성 용지 위에 놓아보는 활동을 해주세요. 만약 아이가 처음 해보는 것이라면 다음과 같이 시범을 보여주세요. 파이펫을 수채물감 용기에 담고 파이펫의 둥근 고무 부분을 꼭 쥡니다. 파이펫을 용기 안에 그대로 두고 꼭 쥔 고무 부분에 힘을 빼 물감이 들어오게 합니다. 물감을 파이펫 안에 담은 뒤 용기에서 파이펫을 꺼냅니다.

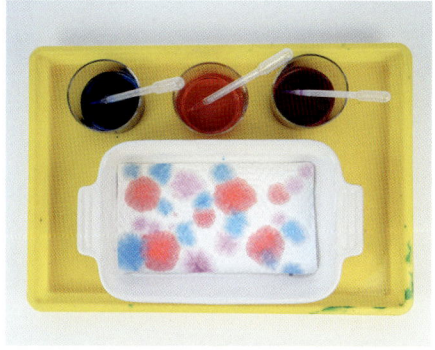

응용

- ▶ 커피 필터나 종이 타월을 여러 가지 모양으로 잘라주세요.
- ▶ 섬세한 소근육 운동을 위해 아이에게 커피 필터를 낱장으로 분리하는 것을 도와달라고 해보세요.
- ▶ 물감이 마르면 다양한 색의 종이와 끈, 테이프를 이용해 화려한 장식 배너를 만들어보세요.
- ▶ 화장솜, 면직물, 종이 냅킨과 같은 다른 흡수성 재료도 활용해보세요.

팁

- ▶ 물감을 더 적게 사용하고 싶다면 수채물감이나 식용 색소를 물에 희석해 사용하세요.

"저는 달걀판을 색칠하는 걸 좋아해요. 꼭 용이 되는 것 같거든요. 모루를 사용해 꼬리와 눈썹도 만들었어요." -타이슨

23 달걀판을 색칠해요

- 판지 달걀판
- 천
- 물이 담긴 용기
- 폼폼, 비즈, 단추와 같은 소품
- 흰색 접착제
- 그림붓
- 템페라 고체물감 팔레트 또는 템페라 포스터 페인트

밑부분을 자른 달걀판과 색칠 도구를 작업대에 놓아주세요. 아이를 초대해 달걀판을 색칠하도록 해주세요. 물감이 다 마르면 좋아하는 물건을 접착제로 붙여 달걀판을 장식하는 활동을 할 수 있도록 해주세요.

응용

▶ 달걀판 전체를 색칠하세요. 아랫부분을 자르지 말고 위아래 모두 색칠합니다.
▶ 물감이 마르면 달걀판은 소품을 보관하는 통으로 사용하세요.
▶ 달걀판의 모양에 따라 달걀 4개가 들어가는 홀더를 자른 뒤 접착제로 폼폼을 붙여 꽃 모양을 만들 수 있어요.
▶ 상자를 6구씩 일렬로 잘라 곤충을 만들어보세요. 눈알 스티커와 모루를 추가로 사용합니다.
▶ 템페라 포스터 페인트를 사용해 달걀판을 색칠해보세요.
▶ 색칠이 끝나면 아이에게 가위와 종이, 접착제를 주고 장식하도록 해보세요.

팁

▶ 만약 아이가 모루를 잘라 작품에 붙인다거나 달걀판 안쪽을 색칠하고 싶다는 아이디어를 제시한다면 그렇게 하게 해주세요. 모든 가능성을 열어두세요.

"다양한 색의 물감을 점으로 짜두면 도움이 됩니다. 골판지 질감이 정말 잘 드러나거든요. 아이가 손가락과 손을 사용하는 방식이 새로운 방향으로의 활동을 이끌었습니다."
-안젤라(부모)

24 꼭 짜고 긁어보아요

- 두꺼운 종이
- 템페라 포스터 페인트
- 오래된 명함, 작은 판지 조각, 포크 또는 빗

종이 위에 물감을 방울방울 짜두고 아이를 초대해 명함, 판지, 포크, 빗 등으로 긁어보게 해주세요.

응용

▶ 아이가 스스로 종이 위에 물감을 짜고 긁어볼 수 있도록 활동에 초대해주세요.

▶ 이 경우 물감은 잔뜩 짜고 긁는 양은 적어질 수 있다는 점을 기억해두세요.

▶ 포장지 만들기: 큰 종이를 편 다음 긁어낸 그림에 덮어주세요.

▶ 종이 접시에 검은색 물감이나 당신이 선택한 색의 물감을 얇게 한 겹으로 짜주세요. 아이를 초대한 뒤 명함이나 판지 가장자리를 물감에 찍은 다음 종이에 노상처럼 선을 찍어보는 활동을 해봅시다.

팁

▶ 아이들은 금세 손가락을 사용해 그리기 시작할 거예요. 그럴 수 있다는 가능성을 받아들이고 젖은 천을 준비해주세요.

"풀로 이것저것 붙여볼 수 있고, 또 삼원색이 있잖아요.
여러 색을 겹쳐 붙여 다른 색을 만들어보는 건 정말 재미있어요." -메들린

25 접착제 페인팅으로 표현해요

- 두꺼운 종이
- 요리용 꼬챙이나 나무 막대
- 스팽글, 깃털, 단추와 같은 작은 소품
- 액상 수채물감 또는 식용 색소
- 접착제를 담은 작은 병

접착제 병을 열고 액상 수채물감이나 식용 색소를 몇 방울 떨어뜨립니다. 꼬챙이로 접착제를 잘 저어 물감과 고르게 섞은 뒤 뚜껑을 다시 닫아주세요. 접착제는 두꺼운 용지와 소품 옆에 준비해요. 아이를 초대해 접착제를 종이에 짜서 작품을 만들어보고 접착제를 이용해 작은 소품을 붙일 수 있게 해주세요.

팁

▶ 지저분해지는 것이 걱정된다면 종이를 트레이 안에 두어 접착제가 트레이 밖으로 튀어 나가지 않도록 해주세요.
▶ 종이를 수직으로 세우기 전에 접착제가 완전히 마를 때까지 기다려주세요.

응용

▶ 벽에 거는 배너를 만들어보아요.
▶ 하얀 모슬린 천에 접착제로 작품을 그려보아요.
▶ 다 마르면 천 한쪽 가장자리에 뜨거운 접착제로 나뭇가지를 붙이세요.
▶ 나뭇가지 뒤에 접착제로 리본 고리를 붙인 다음 작품을 벽에 걸어 보세요.

"모든 프로젝트가 특정한 목표를 염두에 두고 하는 것이 아니기 때문에
아이가 모든 과정을 즐기며 할 수 있었어요." -카리나(부모)

26 습자지로 실험해요

- 습자지(작은 조각)
- 물병
- 수채 그림붓
- 수채화지

작업 공간에 수채화지, 물병, 그림붓, 습자지를 준비해주세요. 짧게 시범을 보여주면 아이에게 도움이 됩니다. 소량의 물을 종이에 칠한 뒤 습자지를 물 위에 놓아요. 습자지를 그 자리에 몇 초간 둔 뒤 떼어내면 색의 자국이 종이에 나타납니다. 어떻게 이렇게 된 것이라고 생각하는지 아이와 이야기를 나눠보세요. 그런 다음 습자지와 물로 하는 실험으로 아이를 초대합니다.

팁

▶ 아이에게 2장의 습자지를 겹쳐서 종이에 올려두면 어떻게 될 것 같은지 물어보세요.

응용

▶ 종이가 마르면 아이에게 네임펜을 주고 컬러풀한 색상의 배경 위에 그림을 그려보게 해주세요.
▶ 격자, 원, 선을 다른 색으로 그리며 패턴을 탐색해볼 수 있도록 해주세요.

아이들에게 필요한 건 학교에서 우리가 거의 주지 않는 것, 바로 엉망진창을 만들며 보내는 시간입니다.

-존 홀트, 작가이자 교육자

PART 3

종잇조각,
펠트,
접착제,
그리고 다양한 콜라주 재료

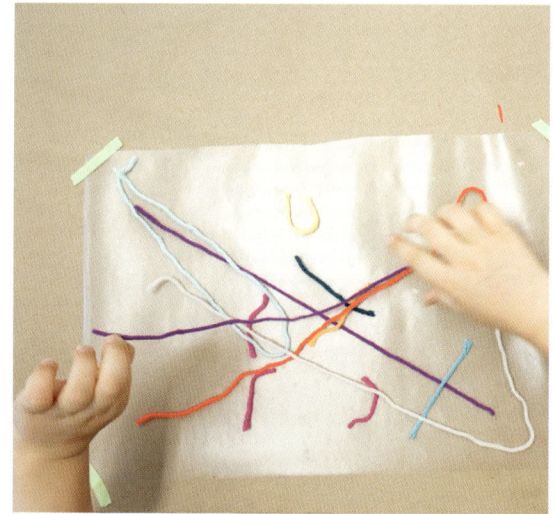

"매우 간단한 작업이지만 똑같이 따라 하는 건 거의 불가능해요. 저는 미술 활동에 시트지를 쓸 생각을 한 번도 해본 적이 없어요. 저는 이 활동이 유연해서 마음에 들어요. 아이들이 한참을 가지고 놀거든요." -브리트니(부모)

27 시트지와 소품

- 어른용 가위
- 아동용 가위
- 투명 비닐 시트지
- 마스킹 테이프
- 실

테이프의 끈적끈적한 면이 위로 향하게 한 다음 책상에 투명 시트지를 고정해주세요. 10~25cm의 길이로 다양하게 자른 색실과 아동용 가위를 시트지 옆에 준비해주세요. 아이를 초대해 시트지에 실을 붙여 다양하게 구성해볼 수 있게 해주세요.

응용

▶ 도화지에 선을 그린 뒤 시트지 아래에 놓습니다. 아이를 초대해 선을 따라 실을 붙여볼 수 있도록 해주세요.

▶ 시트지가 없다면 두꺼운 종이에 흰색 접착제를 얇게 펴 바른 뒤 끈적끈적한 종이에 실을 붙여볼 수 있도록 해주세요.

"이 하트 모양 스프링클 쿠키는 저와 제 동생이 초콜릿 우유와 함께 먹는 간식이에요. 우리가 고를 수 있는 재미있는 선택지가 아주 많아서 정말 좋아요." -엘리자베스

색깔 가족 콜라주

- 판지 또는 나무판
- 재료를 담을 용기
- 아동용 가위
- 병에 담긴 접착제
- 종잇조각, 스티커 같은 소품
- 뻣뻣한 그림붓

붓을 접착제에 담가주세요. 판지나 나무판, 병에 담긴 접착제, 가위, 종잇조각, 소품들을 작업 공간에 준비해주세요. 아이를 초대해 이 재료들로 콜라주를 만들어보도록 해주세요. 이 프로젝트는 재료를 여러 겹으로 붙여도 좋아요. 다양하게 겹쳐보며 여러 가지 모양을 만들어보세요.

응용

▶ 컬러 헌트 사이트를 연 다음 아이를 초대해 직접 재료를 선택할 수 있도록 도와주세요.

▶ 이 프로젝트에 앞서 물감 색을 골라 칠하기 놀이를 해보세요. 물감이 마르면 그림 위에 콜라주를 붙입니다.

▶ 예전에 그렸던 그림 프로젝트를 모아두었다가 콜라주를 위해 잘라서 쓸 수 있는 다양한 색종이를 직접 만들어보아요.

▶ 콜라주가 완성되면 그 위에 네임펜이나 템페라 페인트 스틱으로 그림을 그려요.

팁

▶ 색을 계절에 맞추거나 아이가 관심 있는 것에 맞춰보세요.

▶ 아이가 다른 재료를 추가하거나 다른 계열의 색을 칠해보는 것도 좋아요.

29 일회용 펠트 모양 꾸미기

- 색 펠트지
- 약 30cm×46cm의 흰색 펠트지
- 어른용 가위

색 펠트지를 원, 사각형, 반원 등 다양한 크기의 여러 가지 모양으로 미리 잘라두세요. 큰 흰색 펠트지를 작업 공간에 깔고 작게 자른 펠트 조각을 주위에 놓아주세요. 아이를 초대한 뒤 펠트 모양을 흰색 펠트지 배경 위에 자유롭게 올려 꾸미게 해주세요. 이 콜라주는 일회용입니다. 영구적이지 않아요. 이미지가 완성되면 색 펠트지를 흰색 펠트 배경지에서 치우고 다시 새롭게 꾸며보아요.

팁

- 흰색 펠트지 위에 5~8개 정도의 모양을 배열해 재료를 어떻게 사용하는지 시각적으로 보여주거나 다른 큰 흰색 펠트지를 준비해 직접 활동할 수 있도록 해주세요.
- 이미지는 추상적일 수도, 사실적일 수도 있습니다.
- 창작물을 추억으로 간직하고 싶다면 사진을 찍어두세요.

응용

- 같은 색 계열만 사용해 작업하거나 계절감을 나타내는 모양과 색으로 활동해보아요.
- 배경으로 다른 색을 선택해보세요(예 밤하늘을 표현할 수 있는 짙은 파란색).
- 만다라, 자동차, 자연 풍경, 집과 같이 최근의 경험이나 수업에서 배운 구체적인 것을 표현해보자고 이야기해보세요.

"저는 여기에 꽃가루를 조금 뿌릴 거예요. 제 나무 좀 보세요! 정말 열심히 만들었어요. 이 동그라미를 전부 다 쓸 거예요. 예쁘게 만드는 중이에요."
—캐롤린

기하학적 모양의 종이

- 아동용 가위
- 병에 담긴 접착제
- 공작 용지
- 두꺼운 종이
- 이젤 붓
- 마커

공작 용지를 정사각형, 직사각형, 원, 삼각형과 같은 기하학적 모양으로 미리 잘라두세요. 두꺼운 종이, 공작 용지, 마커 옆에 병에 담긴 접착제와 붓을 챙겨주세요. 아이를 초대해 마커, 종이, 접착제로 그림을 그릴 수 있도록 해주세요.

팁
- 큰 아이들은 아동용 가위로 직접 모양을 잘라보는 것을 좋아할 수도 있어요.
- 종이를 찢어 새로운 모양으로 만들 수도 있어요.

응용
- 계절에 맞는 색상 계열의 종이를 준비해주세요.
- 커다란 구멍 펀치로 구멍을 여러 개 뚫어주세요. 아이들의 소근육 발달에 좋은 활동입니다.

"저는 별을 그렸어요. 모양을 그린 다음 그 모양대로 오리기도 했어요. 패턴을 만드는 중이었거든요." -제네비브

③¹ 박엽지 콜라주

- 아동용 가위
- 병에 담긴 접착제
- 네임펜
- 박엽지
- 수채화지
- 뻣뻣한 그림붓

박엽지를 크고 작은 조각으로 미리 자르거나 찢어두세요. 작업 공간에 박엽지, 아동용 가위, 접착제, 붓, 수채화지, 네임펜을 준비해주세요. 아이를 초대해 종이에 그림을 그린 뒤 종이 위에 접착제로 그림을 그리고 그 위에 박엽지를 살짝 올려보는 활동을 해보세요. 새로운 색을 만들기 위해 종이를 어떻게 겹칠 수 있는지 시범을 보여주세요.

팁

- 가위를 사용하지 못하는 아이들도 종이를 찢거나 미리 잘라둔 종이를 사용해 이 활동에 참여할 수 있어요.
- 네임펜은 젖은 접착제에 닿아도 번지지 않아 이 작업에 적합해요.
- 네임펜이 없으면 크레파스나 색연필, 템페라 물감 스틱 또는 오일 파스텔을 사용하세요.

응용

- 반짝이는 배경을 위해 큰 알루미늄 포일 조각을 작업 공간에 테이프로 붙여주세요. 아이가 포일에 접착제로 박엽지를 붙일 수 있도록 해주세요.
- 아이가 마른 콜라주 위에 장식할 수 있도록 스티커, 스팽글, 접착제, 물감 등을 준비해주세요.

32 콜라주 뷔페

- 다양한 콜라주 재료: 스크랩 종이와 소품들
- 판지 또는 다른 튼튼한 종이
- 마커
- 아동용 가위
- 어른용 가위
- 그릇
- 병에 담긴 접착제
- 뻣뻣한 그림붓

스티커, 비즈, 단추, 스크랩 종이 등 다양한 콜라주 재료를 그릇에 담아주세요. 접착제 용기에 붓을 꽂아 준비해주세요. 바탕 재료, 마커, 가위 등의 재료를 모두 준비해주세요. 아이를 초대해 접착제로 바탕 종이에 콜라주 재료를 붙이고 마커로 그림을 그려보게 해주세요.

팁

▶ 아이들은 새로운 재료에 매료되는 경우가 많습니다. 계속 다른 재료를 사용해 이 프로젝트를 반복하면 성공적인 활동을 할 수 있습니다.

응용

▶ 콜라주가 다 마르면 아이에게 물감이나 오일 파스텔을 주고 그 위에 한 겹 더 칠할 수 있게 해주세요.
▶ 시작하기 전에 물감이나 마스킹 테이프로 바탕 종이에 경계를 설정하세요.
▶ 나뭇잎이나 조개껍데기 같은 자연물로 계절을 표현해보세요.

33 종이 펀칭

- 다양한 종이 펀치
- 복사 용지나 색종이

종이 옆에 하나 이상의 종이 펀치를 준비해주세요. 아이를 초대해 종이에 구멍을 뚫을 수 있도록 해주세요.

응용

▶ 펀치로 모양을 충분히 찍어낸 뒤 접착제와 종이 한 장을 준비해 콜라주를 만듭니다.

▶ 펀치 모양 종이로 패턴을 만들어보세요.

▶ 줄과 테이프 또는 스티커를 활용하여 펀치로 찍어낸 종이로 파티 가랜드를 만들어보아요.

▶ 아이를 초대해 명함 종이나 종이 접시 주위에 구멍을 뚫게 한 뒤 실과 크고 뭉툭한 바늘을 주어 구멍 사이사이로 바느질을 해볼 수 있게 해주세요. (155쪽 '간단한 바느질' 참조).

팁

▶ 커다란 구멍을 가진 '스퀴즈 펀치'는 손이 작은 아이들도 쉽게 쥘 수 있어요.

스탠퍼드 아동미술 클래스

34 패브릭 콜라주

- 판지
- 병에 담긴 접착제
- 천 조각
- 뻣뻣한 붓

천을 다양한 크기와 모양으로 미리 잘라둔 뒤 아이가 판지 위에 천을 올려 모양을 구성할 수 있게 해주세요. 천은 흰색 접착제와 그림붓을 이용해 붙일 수 있습니다.

응용

▶ 리본 끈이나 폼폼, 비즈를 천과 함께 준비해주세요.
▶ 천을 꽃잎이나 구름 모양으로 잘라 주세요.
▶ 마커로 바탕 종이에 그림을 그린 뒤 그 위에 천 조각을 더해보세요.
▶ 하트, 달걀, 나무, 집, 무지개, 이름 이니셜 모양 등으로 천을 잘라 영감을 불어넣고 새로운 구조를 제시해주세요.

35 검은색 모양과 접착제

- 검은색 공작 용지
- 흰색 종이
- 병에 담긴 접착제나 고체풀
- 뻣뻣한 그림붓

검은색 종이를 사각형, 삼각형, 원과 같이 다양한 모양으로 잘라주세요. 여러 모양으로 자른 검은색 종이를 흰색 종이, 접착제, 그림붓과 함께 준비해주세요. 아이를 초대해 구도를 만들어볼 수 있게 해주세요. 모양 종이는 접착제나 고체풀을 사용해 붙입니다.

응용

▶ 이 프로젝트를 확장하려면 템페라 물감이나 젤 크레파스를 준비한 뒤 아이를 초대해 모양 구도 주변에 그림을 그릴 수 있게 해주세요.
▶ 흰색 종이로 모양을 만들어 검은색 배경 종이에 붙이는 방식으로 콜라주를 만들어보아요.
▶ 아이에게 흰색 분필이나 흰색 오일 파스텔을 주고 콜라주 주변이나 위에 그려볼 수 있게 해주세요.

"저는 원 위에 또 원을 붙이고 있어요.
이건 정말 붙이기가 어려울 것 같아요." -아리아

36 점과 동그라미 콜라주

- 동그라미 스티커
- 점(빙고) 마커
- 마커
- 병에 담긴 접착제
- 구멍 펀치
- 뻣뻣한 그림붓
- 색종이 또는 컬러 용지
- 도화지 또는 두꺼운 종이

동그라미를 만들 수 있는 다양한 재료를 준비해주세요. 아이를 초대해 일단 동그라미로 구도를 만들어보게 해주세요.

팁

- 아이가 구멍 펀치를 처음 사용해본다면 125쪽에 소개한 종이 펀칭 활동을 먼저 해보세요. 직접 시범을 보여주어도 좋아요.
- 문구점에서 동그라미 스티커를 구입해 사용해도 좋습니다.

응용

- 종이에 펀치로 구멍을 내거나 동그라미 모양으로 종이를 자른 뒤 아이를 초대해 구멍 주위에 그림을 그려볼 수 있게 해주세요.
- 63쪽 원 그리기 활동이나 99쪽 점 색칠하기 활동과 함께 활동해보세요.

132   스탠퍼드 아동미술 클래스

37 추상적인 모양 콜라주

- 어른용 가위
- 공작 용지
- 병에 담긴 접착제나 고체풀
- 뻣뻣한 그림붓
- 흰색 종이

동그라미, 반원, 화살, 타원형, 삼각형, 추상적인 방울 모양 등 다양한 모양으로 종이를 잘라 준비해두세요. 아이를 초대해 흰 종이 위에 구도를 만들어볼 수 있게 해주세요. 잘라둔 종이는 접착제나 고체풀을 이용해 붙여보세요.

응용

- ▶ 오일 파스텔이나 젤 크레파스를 준비한 뒤 아이에게 그림을 더 그리거나 색칠해 콜라주를 꾸밀 수 있도록 해주세요.
- ▶ 아이가 모양 자르기를 좋아한다면 아동용 가위를 준비해 직접 활동할 수 있게 해주세요.
- ▶ 일반적인 흰색 종이 대신 색지나 어두운색 종이를 활용해보아요.

팁

- ▶ 자르는 시간을 줄이기 위해 종이 서너 장을 겹쳐 모양을 자르세요.

38 단추와 접착제

- 단추
- 두꺼운 종이
- 병에 담긴 접착제
- 뻣뻣한 그림붓

작은 그릇에 단추를 담아주세요. 단추가 없다면 비즈, 커다란 스팽글, 마카로니도 괜찮아요. 접착제로 종이에 점을 찍은 뒤 아이를 초대해 접착제 점 위에 단추를 붙일 수 있게 해주세요.

팁
- ▶ 단추 같은 작은 물건은 아이가 입이나 코, 귀에 넣어볼 수도 있으니 다 붙이기 전까진 아이를 절대 혼자 두지 마세요.

응용
- ▶ 만약 아이가 병에 담긴 접착제 사용법을 익혔다면 통에 담긴 접착제로 바꿔주세요. 접착제 짜는 법을 익힐 수 있는 좋은 기회입니다.
- ▶ 어린아이의 경우 종이 전체에 접착제 점을 미리 짜둔 뒤 접착제 위에 단추를 붙일 수 있게 해주세요.

39 스티커와 크레파스

- 크레파스
- 마스킹 테이프
- 작은 천
- 스티커
- 병에 담긴 물
- 수채물감
- 수채 그림붓
- 수채화지

종이 가장자리 테두리를 마스킹 테이프로 붙인 뒤 스티커와 크레파스를 준비합니다. 아이를 초대해 종이에 스티커를 붙이고 그림을 그려보게 해주세요. 활동이 잘 진행되는 것 같으면 수채물감을 준비해주세요. 물감이 다 마르면 마스킹 테이프를 떼어내보아요. 테두리가 나타납니다.

팁

▶ 코딩 라벨 스티커처럼 저렴한 스티커를 사용해도 좋아요.
▶ 만약 아이가 스티커를 처음 사용해본다면 이 새로운 재료에 열광할 것입니다.
▶ 아이가 스티커를 마음껏 사용해볼 수 있도록 충분히 준비해주세요.

응용

▶ 크레파스 대신 오일 파스텔이나 젤 크레파스를 준비해주세요.
▶ 물감이 마른 뒤 스티커를 제거하면 흰색 종이에 어떤 모습이 나타나는지 직접 시범을 보여주세요.
▶ 스티커를 떼었다 붙였다 하는 활동을 좋아하는 아이들은 59쪽 크레파스와 종이 테이프 활동의 테이프를 떼었다 붙였다 하는 활동도 좋아할 것입니다.

실패는 교훈을 줍니다. 진실하게 사고하는 사람은 성공보다 실패에서 훨씬 더 많은 것을 배웁니다.

-존 듀이, 심리학자이자 교육자

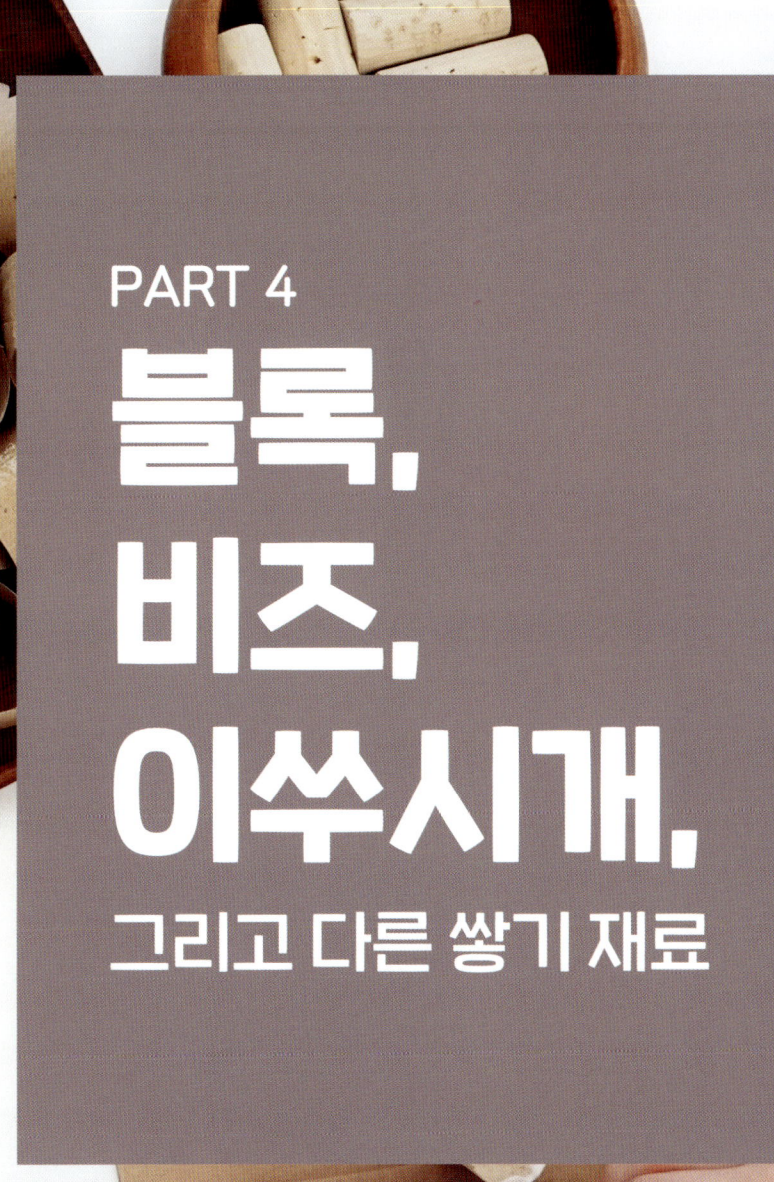

PART 4

블록,
비즈,
이쑤시개,
그리고 다른 쌓기 재료

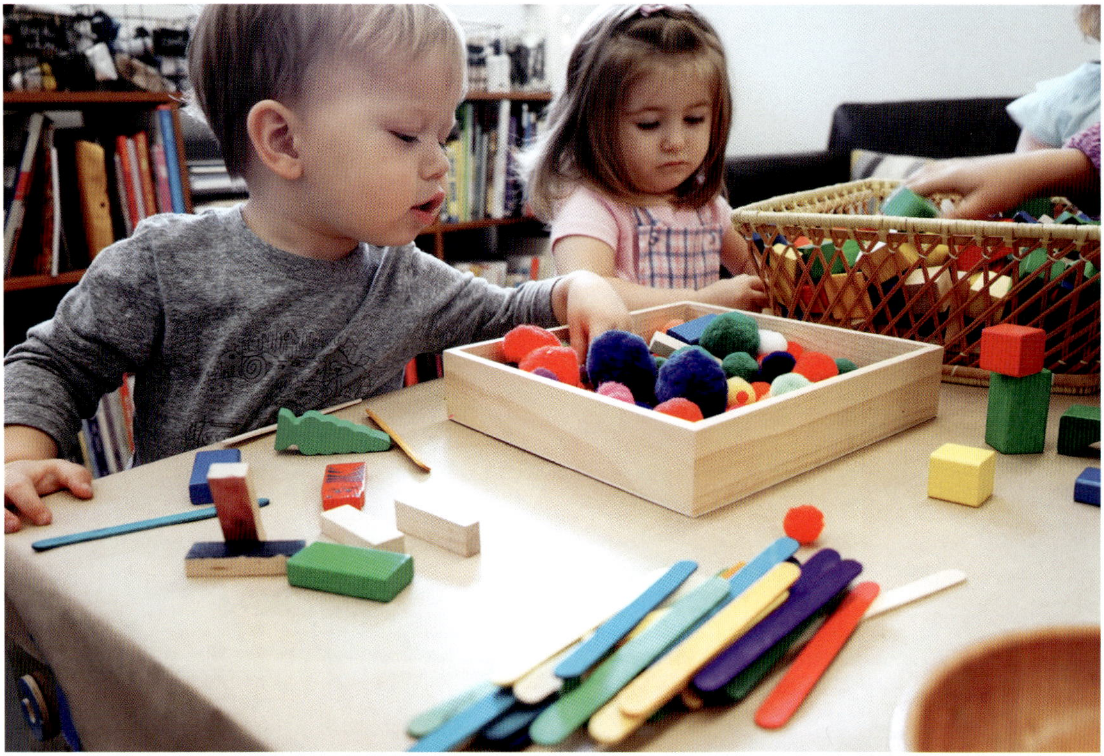

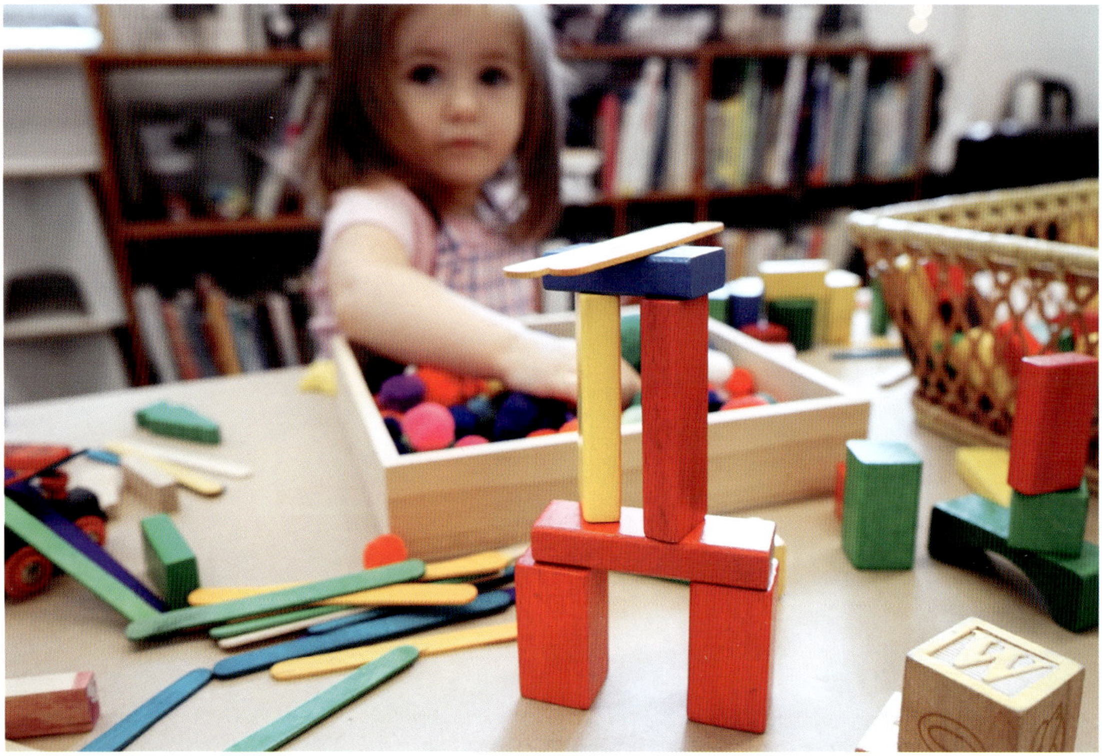
W

40 블록과 폼폼을 쌓아보아요

- 블록
- 크래프트 스틱
- 폼폼

블록, 크래프트 스틱, 폼폼을 준비해주세요. 아이를 초대해 준비한 재료로 쌓기 놀이를 해보아요.

응용

▶ 아이에게 "이 재료를 높이 쌓아보자", "터널을 만들어보자", "대칭되는 구조물을 만들어보자"와 같이 만들기 과제를 제시하며 활동을 권장해주세요.

▶ 돌과 자갈, 작은 블록을 이용해 균형을 맞추고 쌓아가며 탑과 집, 다른 구조물을 만들어보아요.

▶ 상상력 자극을 위해 작은 장난감이나 피규어를 활용해도 좋아요.

팁

▶ 이 활동은 상상력이 풍부한 놀이와 섬세한 구조물 쌓기 놀이로 이어질 수 있어요.

▶ 아이가 준비한 재료를 다 사용하지 않거나 다른 재료를 가지고 와서 쌓기 활동을 해도 괜찮아요.

"저건 베네치아이고, 이건 해저 케이블이에요. 여긴 예비 케이블이고요. 이건 이탈리아이고, 이건 런던이에요." -너반

플레이도우와 루즈파츠

- 비즈
- 단추
- 크래프트 스틱
- 빨대
- 이쑤시개
- 플레이도우(170쪽 참조)

매끈한 표면 위에 재료를 준비해요. 플레이도우를 공 모양으로 굴려주세요. 플레이도우를 납작하게 만드는 법, 작게 만든 플레이도우에 이쑤시개나 크래프트 스틱을 연결하는 법, 루즈파츠를 플레이도우에 찍어 질감을 표현하는 법을 시범으로 보여주세요.

응용

▶ 학교나 가족 여행, 휴일에 관한 이야기를 만들어보자고 해보세요. 아이가 관심 있는 것이나 최근에 했던 탐구, 만들기 활동을 연계해볼 수 있도록 해주세요.

▶ 마른 파스타, 렌틸콩, 완두콩 같은 루즈파츠를 준비해 아이에게 플레이도우에 붙이는 활동을 해보자고 해주세요.

팁

▶ 플레이도우는 카펫에 붙으면 떼기 힘들어요. 그러니 카펫이 깔려 있지 않은 바닥에서 활동할 수 있도록 준비해주세요. 플레이도우는 공기가 통하지 않는 통에 담아두면 다음 날 다시 사용할 수 있어요.

플레이도우에 도장을 찍어보아요

- 플레이도우(170쪽 참조)
- 롤링 핀
- 포크, 병뚜껑 또는 감자 으깨기 같은 도장 찍기 도구

매끈한 표면 위에 재료를 준비해요. 플레이도우를 몇 덩이 준비하고 롤링 핀으로 어떻게 반죽을 미는지 아이에게 시범을 보여주세요. 이 작업만으로도 오후 내내 즐겁게 놀 수 있어요. 플레이도우를 납작하게 밀고 나면 아이를 초대해 플레이도우 위에 도장 찍기 도구로 질감과 모양을 만들어보세요.

응용

- 두 가지 색 이상의 플레이도우를 함께 반죽해 납작하게 밀면 옴브레, 대리석, 무지개 효과를 낼 수 있어요.
- 솔방울, 조개껍데기, 나뭇가지와 같은 자연물을 이용해 자연색 플레이도우 위에 도장 찍기 놀이를 해보세요.
- 마른 라벤더꽃이나 시나몬 스틱을 플레이도우에 섞으면 향을 낼 수 있어요.

팁

- 매끈한 표면을 어떻게 준비해야 할지 모르겠다면 쿠키 시트나 강화마루로 된 플레이매트, 비닐 테이블보, 유리 테이블 탑을 사용해보세요.

"저는 옆을 꽃 쿠키로 장식하고 스프링클을 뿌린 케이크를 만들고 있어요."
-리스

43 플레이도우 베이커리

- 베이킹 트레이
- 머핀 틀
- 쿠키 커터
- 플레이도우(170쪽 참조)
- 롤링 핀

매끄러운 표면 위에 재료를 준비한 뒤 아이에게 플레이도우 덩어리를 주고 롤링 핀으로 어떻게 납작하게 만드는지 시범을 보여주세요. 플레이도우에 '쿠키'를 찍어내요. 그리고 아이를 초대해 쿠키, 머핀, 케이크를 만들어보아요.

응용

▶ 정교하고 여러 층으로 된 케이크를 만들 땐 꼬챙이나 이쑤시개를 준비해주세요.

▶ 작은 파이 틀이나 파이 크림퍼 같은 베이킹 도구를 준비해주세요.

▶ 베이커리 간판을 만들고 멋진 테이블보를 씌운 탁자나 커다란 판지 상자를 가지고 가게를 열어보아요.

▶ 우리 꼬마 제빵사가 자신의 작품을 뽐낼 수 있도록 케이크 접시도 준비해주세요.

▶ 생일 초, 스팽글, 완두콩, 마른 파스타, 렌틸콩을 준비해 디저트를 장식할 수 있게 해주세요.

▶ 무지개 케이크를 만들 수 있도록 다양한 색의 플레이도우를 준비해주세요.

팁

▶ 두 가지 색 이상의 플레이도우를 주면 아이는 색을 섞고 싶어 할 거예요. 그럴 때 못하게 말리지 마세요.

▶ 아이가 색 섞는 것을 싫어한다면 한 가지 색 플레이도우만 준비해주세요.

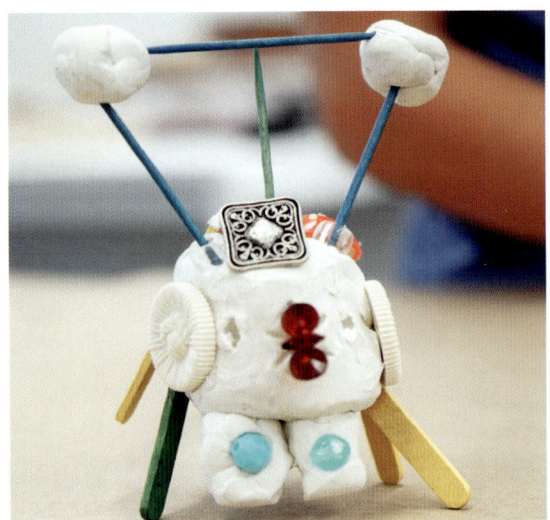

"이것 보세요! 외계인이에요! 이름은 큐티예요.
눈이 많고 몸에서 끈적끈적한 게 계속 나와요.
플레이도우는 재밌어요!" -시어도르

44 다양한 재료를 이용해 성형 점토 조각하기

- 성형 점토
- 크래프트 스틱
- 와이어 또는 모루
- 비즈
- 각종 스티커
- 와이어 커터(어른만 사용하세요)

성형 점토를 동그랗게 만들고 비즈, 스티커, 와이어를 준비해주세요. 와이어를 클레이에 꽂아 붙이는 방법, 비즈를 와이어에 통과시켜 거는 방법을 시범으로 보여주세요. 아이를 초대해 만들기를 할 수 있게 해주세요.

팁

▶ 아이가 와이어 커터를 사용할 준비가 됐다는 생각이 들면 안전하게 도구를 사용하는 방법을 시범으로 보여주세요.
▶ "어떻게 와이어를 구부릴지 궁금하네"라고 말해주세요.

응용

▶ 이야기 만들기를 해보자고 권해주세요.
▶ 성형 점토가 없다면 플레이도우를 사용하세요.

45 판지 동그라미와 크래프트 스틱

- 어른용 가위
- 크래프트 스틱
- 휴지 심지
- 판지 또는 탄탄한 종이
- 병에 담긴 접착제
- 뻣뻣한 그림붓
- 코르크
- 종이 빨대

빨대와 휴지 심지를 작은 조각으로 잘라주세요. 심지 조각과 판지, 크래프트 스틱, 코르크, 빨대, 접착제, 뻣뻣한 그림붓을 준비해주세요. 아이를 초대해 이 재료들로 조각을 만들어볼 수 있게 해주세요.

응용

- ▶ 접착제가 다 마르면 템페라 포스터 페인트나 액상 수채물감으로 조각을 색칠해보아요.
- ▶ 실, 깃털 등 다양한 소품으로 멋지게 장식해주세요.
- ▶ 재료를 조립해 접착제로 붙이기 전에 판지 조각이나 크래프트 스틱을 색칠해주세요. 물감이 다 마른 뒤에 재료를 사용해주세요.

팁

- ▶ 아이에게 "네가 이 재료들을 가지고 무엇을 만들지 궁금하네"라고 말해주세요.
- ▶ 아이가 실 같은 다른 재료를 추가하고 싶어 할 수도 있어요. 모든 가능성을 열어두세요.

46 비즈를 꿰어요

- 어른용 가위
- 구멍이 뚫린 비즈
- 실 또는 가는 철사
- 짜깁기 바늘 또는 끝이 뭉툭하고 바늘귀가 큰 바늘

실을 60cm 정도 길이로 잘라주세요. 실을 바늘귀에 꿴 다음 실 양쪽 끝을 연결해 비즈 구멍보다 더 큰 매듭이 생기도록 묶어주세요. 비즈를 그릇에 부어주세요. 아이를 초대해 비즈를 실에 꿰어보도록 해주세요. 팔찌나 목걸이를 만들려면 실의 끝을 조금 남겨두고 자른 다음 양쪽 끝을 묶어주면 됩니다.

응용

▶ 철사를 사용할 경우, 비즈가 와이어에서 흘러내리지 않도록 한쪽 끝을 꼬거나 고리를 만들어주세요.
▶ 나무색 비즈를 준비해 실에 꿰기 전에 직접 색칠해보아요.

47 간단한 바느질

- 어른용 가위
- 마대 또는 올이 성긴 직물
- 실
- 짜깁기 바늘 또는 끝이 뭉툭하고 바늘귀가 큰 바늘
- 자수틀

실 한 가닥을 약 90cm 길이로 잘라주세요. 실을 바늘귀에 꿴 다음 실 양쪽 끝을 연결해 매듭을 지어주세요. 천을 자수틀보다 최소 3cm 정도 더 크게 사각형 모양으로 잘라주세요. 자수틀을 두 부분으로 나누세요. 천 아래에 더 작은 틀을 놓고 더 큰 틀을 천 위에 올려주세요. 부드럽게 두 틀을 눌러 틀에 천을 끼워주세요. 틀을 단단하게 조여 천이 움직이지 않도록 해주세요. 자수틀 뒤쪽으로 바늘을 찔러 넣어 통과시킨 뒤 매듭에 걸려 더 이상 나오지 않을 때까지 당겨 수를 놓는 시범을 보여주세요. 실이 8cm 정도 남을 때까지 바늘을 자수틀 앞뒤로 통과시키며 수를 놓아주세요. 만약 아이가 계속하고 싶어 한다면 실을 더 준비해주세요.

팁

▶ 어린아이들은 자연스럽게 틀 주위에 자수를 놓습니다. 부드럽게 다른 방식을 제안해보거나 아이가 하고 싶은 대로 하게 누세요.

응용

▶ 자수용 실로 같은 활동을 해보아요.
▶ 원한다면 비즈나 단추를 달아보세요.
▶ 자수틀이 없다면 판지에 구멍을 내 자수틀을 만들어보세요.
▶ 원단은 판지틀에 스테이플러로 고정하면 됩니다.

스탠퍼드 아동미술 클래스

48 나무 조각 놀이

- 판지 또는 탄탄한 종이
- 뻣뻣한 그림붓
- 병에 담긴 접착제
- 작은 나무 조각들

나무 조각, 판지, 병에 담긴 접착제, 붓을 작업대에 준비해주세요. 아이를 접착제를 이용해 바탕지에 조각들을 붙여보게 해주세요.

팁

▶ 화방에서 작은 나무 조각을 구입하거나 동네 목재상에 가서 자투리 나무 조각을 구해보세요.
▶ 균형 잡는 연습을 할 수 있는 활동입니다.
▶ 안정적인 구조물을 만들기 위해 어떤 조각을 먼저 놓아야 할지 이야기해보고, 구조물이 무너지기 전에 조각을 몇 개나 놓을 수 있을지 추측해보는 활동을 해보세요.
▶ 아이가 크래프트 스틱이나 폼폼 같은 다른 재료를 첨가할 수 있는 공간을 남겨주세요.

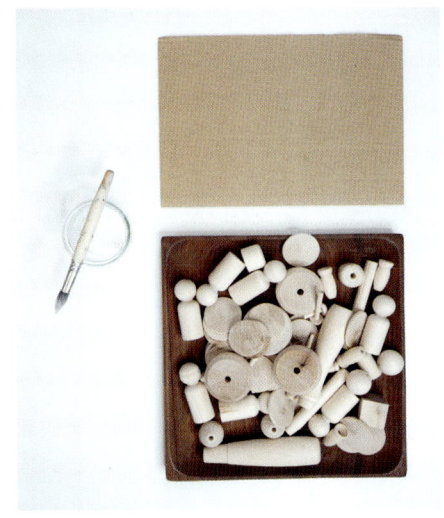

응용

▶ 조각이 다 마르면 수채물감이나 템페라 포스터 페인트를 이용해 색칠을 해보아요.
▶ 아이를 초대해 도시나 무너지지 않는 높은 건물을 만들어보세요.
▶ 단추나 조개껍데기 같은 루즈파츠를 접착제로 붙여보세요.

"얇은 점토 원반을 사용하면 벽에 걸거나 장식품으로 변신시킬 수 있어요. 낙엽이나 나뭇가지, 조개껍데기 같은 자연물을 함께 사용해도 좋습니다."
—안젤라(부모)

㊹ 점토와 루즈파츠

- 에어드라이 점토
- 비즈, 단추 같은 작은 루즈파츠
- 종이 접시
- 롤링 핀
- 물이 담긴 그릇

점토를 공 모양으로 만든 뒤 롤링 핀으로 디스크 모양처럼 납작하게 펴주세요. 점토를 책상 위에 놓고 그 옆에 물이 담긴 그릇을 준비해주세요. 점토가 말랐을 때 부드럽게 만드는 데 도움이 됩니다. 그리고 루즈파츠도 준비해주세요. 아이를 초대해 점토에 루즈파츠를 꾹 눌러볼 수 있게 해주세요. 루즈파츠를 질감을 만드는 도구로 사용하고 제거할 수도 있어요. 종이 접시에 담아 작품이 마를 때까지 보관해주세요.

팁

- 아이가 점토에 루즈파츠를 붙이는 데 관심이 없더라도 걱정하지 마세요.
- 많은 아이가 점토의 촉감을 느끼는 놀이를 좋아합니다. 점토를 조몰락거리고 모양을 형성하는 과정에서 순수한 촉감 놀이가 될 수 있습니다.

응용

- 점토에 구멍을 뚫어요. 점토가 마르면 그곳에 리본을 통과시켜 걸어보세요.
- 점토가 마르면 아크릴 물감으로 색칠하거나 투명한 아크릴 재료로 코팅해보세요.

"템페라 포스터 페인트처럼 두꺼운 물감을 사용하면 보다 선명한 색을 낼 수 있습니다." -안젤라(부모)

㊿ 색깔 비즈 화분

- 나무색 비즈
- 꼬챙이
- 작은 화분
- 물병
- 수채 그림붓
- 템페라 고체물감 팔레트
- 에어드라이 점토나 성형 점토

에어드라이 점토를 공 모양으로 굴린 뒤 화분에 4분의 3 정도 찰 때까지 눌러 담아주세요. 화분 옆에 나무색 비즈, 물감, 붓, 물을 준비해주세요. 아이를 초대해 비즈를 색칠하고 꼬챙이에 끼운 뒤 화분에 심어 색깔 비즈 화분을 만들어보세요.

응용

- 점토에 진짜 나뭇가지를 꽂아보세요.
- 반짝거리게 만들려면 접착제를 이용해 나무 비즈에 스팽글을 붙여주세요.
- 화분이나 비즈, 또는 둘 모두를 템페라 포스터 페인트로 색칠해보아요.

팁

- 활동을 시작하기 전에 진짜 꽃을 보고 영감을 받아보아요.
- 아이가 본 꽃의 색, 패턴, 질감에 관해 이야기를 나누어보아요.

51 판지 구조물을 만들어요

- 아동용 가위
- 저온 글루건
- 데코 테이프
- 판지 상자 또는 휴지 심지
- 템페라 페인트 스틱

테이프, 가위, 페인트 스틱, 저온 글루건, 판지 상자 또는 휴지 심지를 준비해주세요. 아이를 초대해 이 재료들을 가지고 구조물을 만들어보게 해주세요. 페인트 스틱은 장식하거나 디테일을 추가할 때 사용합니다.

팁

- ▶ 저온 글루건은 아이가 빠르고 탄탄한 구조물을 만들 수 있도록 도와주는 유용한 도구입니다.
- ▶ 글루건은 끝부분이 차갑게 내장되어 있어 손이 화상을 입지 않도록 보호해줍니다. 그래서 아이들이 혼자서도 안전하게 사용하는 법을 배울 수 있어요.
- ▶ 고온 글루건을 사용해야 한다면 막 짜서 나온 뜨거운 글루를 만지지 않도록 올바른 사용법을 알려주세요.

응용

- ▶ 딸기 바구니나 판지 조각과 같은 재활용품을 추가로 제공해주세요.
- ▶ 이 활동은 상상력을 발휘할 수 있도록 도와줍니다.
- ▶ 리본, 스티커, 종이 등 다양한 재료를 추가할 수 있다는 가능성을 열어두세요.

"저는 지금 실을 엮고 있어요!" -해들리

52 실로 나뭇가지를 감싸요

- 비즈
- 아동용 가위
- 나뭇가지
- 실

나뭇가지로 모양을 만든 뒤 연결점 주위로 실을 감고 매듭을 지어 고정시켜주세요. 나뭇가지 모양 옆에 아동용 가위, 비즈, 실을 준비해주세요. 어떻게 실을 나뭇가지에 감는지, 어떻게 실에 비즈를 꿰는지 시범을 보여준 뒤 아이가 직접 해볼 수 있도록 해주세요. 색을 바꾸려면 실을 자르고 꼬리를 실에 감거나 새로운 색의 실과 연결해 묶어주세요. 이때 어린아이는 도움이 필요할 수 있습니다.

응용

▶ 실 대신 철사로 나뭇가지를 연결해보세요.
▶ 나뭇가지가 없다면 젓가락이나 꼬챙이를 이용해 프레임을 만들어주세요.
▶ 꼬챙이의 뾰족한 끝부분을 잘라내고 사용하는 것을 잊지 마세요.
▶ 접착제로 폼폼을 붙이거나 묶어 장식해보세요.
▶ 4개의 나뭇가지를 서로 교차하고 철사로 고정해 눈송이나 거미줄 모양을 만들어보세요.
▶ 아이를 초대해 이 모양에 실을 감는 활동을 해보세요.

재료 추천

선호하는 재료

펜

크레욜라 워셔블 마커: 색감이 선명합니다. 펜촉이 두꺼운 브로드 라인과 얇은 슈퍼팁이 있습니다.

색연필

리라 퍼비 점보 삼각형 색연필: 길이가 짧고 삼각형 모양이라 손이 작은 아이들에게 안성맞춤입니다.

프리즈마 프리미어 색연필: 제가 몇 년간 사용해온 색연필입니다. 부드럽게 잘 그려지고 색감이 짙습니다. 아이가 자라면 색연필 크기도 큰 것으로 바꿀 수 있습니다.

크레파스

크레욜라 크레파스: 크레욜라 브랜드는 실망시킨 적이 없어 신뢰할 수 있습니다. 이 크레파스는 상상할 수 있는 모든 색이 있습니다.

NOYO 젤 크레파스와 미국 아트 서플라이 슈퍼 크레용: 제가 어렸을 때는 젤 크레파스 같은 게 없었습니다. 만약 과거에도 존재했다면 제가 가장 좋아하는 미술 재료였을 것입니다. 정말 다양한 용도로 쓸 수 있거든요. 아직 물로 세탁이 가능한 젤 크레파스는 찾지 못했습니다. 그러니 젤 크레파스를 사용할 때는 작업 공간이 더러워지는 것을 감안해야 합니다. 젤 크레파스의 질감은 마치 립스틱 같습니다. 크레파스를 더 나오게 하려면 고체풀처럼 돌리면 됩니다. 젤 크레파스 색소는 수용성이라 그림붓과 물로 혼합할 수 있습니다.

파스텔과 목탄

분필 파스텔: 문교 파스텔과 소프트 파스텔이 있습니다

목탄: 일반적인 압축 목탄 막대. 한 팩에 4개가 들어 있으며 손이 작은 아이들은 반으로 잘라 사용할 수 있습니다.

오일 파스텔: 팬텔 아트 오일 파스텔과 사쿠라 크레파스 오일 파스텔을 추천합니다.

물감

이 책에는 다섯 가지 종류의 물감이 나옵니다. 액상 템페라(포스터 페인트), 수채물감 팔레트, 액상 수채물감, 템페라 고체물감 팔레트, 템페라 페인트 스틱이 바로 그것이죠.

수채물감 팔레트: 아티스트 로프트 수채물감 팔레트 세트, 프랑 팬 수채물감 세트. 둘 다 색조가 풍부하고 가격이 합리적입니다.

액상 수채물감: 사전트 아트 수채 매직 리퀴드 수채, 삭스 리퀴드 워셔블 수채물감. 두 가지 모두 워셔블이며 (최고!) 적은 양으로 오래 쓸 수 있습니다.

팁 뚜껑을 아래로 뒤집어 보관하세요. 색이 집중되기 때문에 물로 희석해서 쓸 수 있습니다.

템페라 고체물감 팔레트: 삭스 비독성 템페라 페인트 케이크. 원색과 네온색이 나오는데 저는 두 가지 모두 좋아합니다. 수채물감보다 좀 더 불투명하지만 같은 효과를 내며 여기에 물만 더 첨가하면 됩니다.

템페라 페인트 스틱: 크위크 스티스 고체 템페라 페인트와 크래프트 스마트의 템페라 페인트 스틱. 물감처럼 불투명하며 오일 파스텔이나 젤 크레파스처럼 그린 뒤 몇 초간 말리면 됩니다. 두껍고 불투명해서 콜라주 위를 장식할 때 유용합니다.

종이

다목적 종이: Tru-Ray 아황산 고중량 공작 용지. 그리기, 콜라주, 색칠에 사용할 수 있는 훌륭한 다목적 종이입니다. 일반 인쇄 용지보다는 무겁고 수채화지보다는 가벼우며 전형적인 공작 용지보다는 견고합니다. 만약 흰색 용지를 한 가지만 구비하고 싶다면 이 종이를 선택하세요. Tru-Ray에서는 다양한 색의 종이가 나옵니다.

공작 용지: 파콘. 저는 콜라주를 하거나 형형색색의 종이가 필요한 경우에만 이 재료를 사용합니다.

롤페이퍼: 파콘 크래프트 래핑 페이퍼. 벽화를 만들거나 책상을 덮는 데 좋습니다. 저는 제 책상 크기에 맞는 48인치 롤을 사용합니다. 책상을 덮

을 땐 스테인리스 스틸 식탁보 클램프를 사용해 고정합니다.

수채화지: 스트라스모아 페인트 패드는 진정한 일꾼이며 채색 실험에 매우 적합한 저렴한 수채화지입니다. 제가 가장 좋아하는 수채화지는 캔손 수채화용 스케치북(140lb)입니다. 페인트 패드보다 질이 좋아 값을 톡톡히 합니다.

클레이

이 책에는 플레이도우, 에어드라이 점토, 성형 점토가 나옵니다.

플레이도우: 직접 만들어 사용할 수 있습니다. 만드는 방법은 170쪽을 참고하세요.

에어드라이 점토: 크레욜라 에어드라이 점토는 굽거나 딱딱하게 말리지 않아도 되며 마르면 템페라 물감으로 색칠할 수 있습니다. 점토처럼 느껴지지만 놀이용 점토이기 때문에 영구적이지 않아 시간이 지나면 갈라질 수도 있습니다.

성형 점토: 크레욜라 성형 점토는 촉촉하고 마르지 않습니다.

추가 재료

투명 비닐 시트지: Con-Tact 브랜드 선반 접착식을 추천합니다.

물감 병: 뚜껑이 있는 애슐랜드 미니 라운드 병. 이 밀폐 병이 물감이나 접착제를 보관하기에 가장 좋습니다.

연필깎이: 작토 스쿨프로 클래스룸 전동 연필깎이. 견고합니다. 우리 가족도 몇 년째 쓰고 있는 제품입니다. 아이들이 스스로 연필을 깎기 쉽고 크기 다이얼이 있어 뚱뚱한 연필도 깎을 수 있습니다.

펀치: 피스카스 스퀴즈 펀치. 이 제품은 어린아이들이 혼자서 종이 펀칭 프로젝트를 할 수 있도록 도와주는 멋진 도구입니다. 여러 가지 모양으로 나옵니다.

가위: 피스카스 뾰족한 가위, 블런트 가위. 왼손잡이용도 있습니다.

스티커: 에이버리 컬러 코딩 라벨 스티커. 아이들이 스티커를 붙였다 뗐다 하는 놀이를 좋아한다면 300~1,000개의 동그라미 또는 사각형 스티커가 같이 들어 있는 이 제품을 사용해보세요. 경제적이고 다채로운 색을 쓸 수 있으며 사용하기에도 편합니다. 다양성을 원한다면 도넛처럼 생긴 보강 링 라벨 스티커도 좋습니다.

나무 블록: 파콘 모둠 나무 조각. 저는 이걸 큰 상자로 삽니다. 친구와 나눠 쓰기 좋아요.

흰색 접착제: 엘머스 워셔블 학교 접착제. 저는 구입한 뒤 작은 병에 담아 두고, 떨어지면 그때그때 다시 채워 쓰는 걸 좋아합니다.

플레이도우 레시피

이 레시피를 사용하면 다양한 색의 부드러운 플레이도우를 만들 수 있습니다.

- 물 2½컵
- 주석영 1½티스푼
- 밀가루 2½컵
- 소금 1¼컵
- 식물성 오일 5티스푼
- 액체 수채물감 또는 식용 색소

참고: 글루텐프리 플레이도우를 만들고 싶다면 밀가루 대신 쌀가루 2컵과 옥수수 전분 ½컵을 넣어주세요.

1. 큰 냄비에 처음 다섯 가지 재료를 모두 넣고 섞어주세요. 덩어리지지는 않을지 걱정하지 마세요. 도우는 익을수록 부드러워집니다.
2. 반죽을 약한 불에서 계속 저으며 익혀주세요. 반죽이 천천히 익으며 점점 질어지는 것을 볼 수 있습니다. 냄비의 옆면과 바닥을 따라 도우의 끝이 말라 보일 때까지 계속 저으세요. 꽤 시간이 걸릴 수 있습니다! 도우를 조금 잡아보세요. 끈적이지 않으면 도우가 준비된 것입니다.
3. 냄비에서 반죽을 꺼낸 뒤 열이나 식용 색소에 강한 커다란 도마나 싱크대에 놓아주세요.
4. 따뜻한 도우가 말랑말랑해질 때까지 반죽한 뒤 준비해둔 색의 개수에 맞게 동그란 공 모양으로 나눠주세요. 각 공을 납작하게 한 뒤 색소나 액상 수채물감을 조금 첨가하고 색이 스며들도록 반죽해줍니다.
5. 플레이도우를 바로 가지고 놀거나 커다란 밀봉 봉지 또는 밀봉 용기에 담아 보관하세요. 사용하지 않으면 몇 달간 보관 가능합니다.

팁

▶ 자연스러운 색의 플레이도우를 만들고 싶다면 액상 수채물감을 생략하세요.
▶ 한 가지 색상의 경우, 1단계에서 액상 수채물감을 넣으세요.

감사의 글

내게 사랑과 믿음, 격려를 아끼지 않은 스콧, 팅커랩 프로젝트 테스트 원년 멤버인 놀라와 이슬라, 나와 함께해준 에리카 실버만, 나의 아이디어를 믿어준 젠 브라운, 창의적인 인맥을 당당하게 옹호하고 강렬한 책들을 발행하는 사라 버숄츠, 아이디어를 책으로 만들 수 있게 도와준 오드라 피긴스에게 감사 인사를 전합니다.

예술 교육에 대해 깊이 생각하도록 열렬히 응원해준 제시카 호프만 데이비스와 엘리엇 아이즈너, 세상에 관심의 중요성을 알려준 코리타 켄트 수녀님, 예술을 향한 나의 애정을 확장시켜준 다니엘 애쉬턴, 열정과 확신으로 내게 영감을 불어넣어준 나의 블로그, 교사, 사업, 작가 친구들, 내게 솔직한 모습을 보여주고 내면의 아름다움을 일깨워준 스탠퍼드 대학교 학생들, 교직원들, 주민들, 실험과 놀이에 적극적으로 나서며 나의 예술 수업에 참석해 행복을 안겨준 어린아이들, 내 삶에 밝은 빛을 내려준 가족들과 친구들, 그리고 내 안의 상상력을 발굴하여 밝게 빛나도록 도와주신 어머니와 아버지께 감사드립니다.

이 책을 시험하고 초대장을 만드는 데 도움을 준 어린이들에게 특별한 감사 인사를 전합니다: 이슬라, 매들린, 나탈리, 안나, 일라, 샤샤, 헨리, 샬롯, 루시, 타이젠, 파이퍼, 쥬느비에브, 마벨, 엘리자베스, 캐롤린, 아바, 케이트, 해들리, 마키나, 뮤리엘, 밀라, 이사야, 아리아, 애들라인, 메이슨, 쿠퍼, 테오도르, 릴리, 엘리엇, 애니, 발렌티나, 쥬노, 말로, 사만사, 에멜린, 그랜트, 포드, 안나, 알렉사, 소피아, 테이트, 리스, 타이, 느반, 헨리, 엘리엇, 로잘린드, 올리버, 카르멘 소피아, 프란체스코, 루시, 개비, 카이, 릴리아나, 비비안느.

스탠퍼드 아동미술 클래스
미국 영재들의 자기 주도 미술 프로젝트

발행일 | 2025년 4월 28일
펴낸곳 | 동글디자인
발행인 | 현호영
지은이 | 라셀 둘리
옮긴이 | 김민정
편　집 | 띵스랩 아동미술 연구소
전　화 | 02.337.7932
팩　스 | 070.8224.4322
주　소 | 서울특별시 마포구 월드컵북로58길 10, 더팬빌딩 9층
ISBN 　979-11-91925-09-8

* 동글디자인은 골드스미스의 단행본 출판 브랜드입니다.
* 출판사의 서면 동의 없이 복제하거나 다른 매체에 옮겨 실을 수 없습니다.
* 잘못 만든 책은 구입한 서점에서 바꿔 드립니다.

> 좋은 아이디어와 제안이 있으시면 출판을 통해 더 많은 사람에게 영향을 미치시길 바랍니다.
> dongledesign@gmail.com

TINKERLAB ART STARTS:
52 Projects for Open-Ended Exploration
By Rachelle Doorley

Text and photographs © 2020 by Rachelle Doorley
Korean Translation © 2025, Dongle Design
Published by arrangement with Shambhala Publications, Inc.,
Boulder through Sibylle Books Literary Agency, Seoul.

이 책의 한국어판 저작권은 시빌에이전시를 통해 미국 Shambhala 사와
독점 계약한 동글디자인에 있습니다.
저작권법에 의해 한국 내에서 보호를 받는 저작물이므로
무단 전재 및 무단 복제를 금합니다.